Hans Jecht, Marcel Kunze, Peter Limpke, Rainer Tegeler

Groß im Handel

Arbeitsbuch mit Lernsituationen
2. Ausbildungsjahr
im Groß- und Außenhandel
Lernfelder 5 bis 8

Arbeitsbuch

1. Auflage

Bestellnummer 5656

Die in diesem Produkt gemachten Angaben zu Unternehmen (Namen, Internet- und E-Mail-Adressen, Handelsregistereintragungen, Bankverbindungen, Steuer-, Telefon- und Faxnummern und alle weiteren Angaben) sind i. d. R. fiktiv, d. h., sie stehen in keinem Zusammenhang mit einem real existierenden Unternehmen in der dargestellten oder einer ähnlichen Form. Dies gilt auch für alle Kunden, Lieferanten und sonstigen Geschäftspartner der Unternehmen wie z. B. Kreditinstitute, Versicherungsunternehmen und andere Dienstleistungsunternehmen. Ausschließlich zum Zwecke der Authentizität werden die Namen real existierender Unternehmen und z. B. im Fall von Kreditinstituten auch deren IBANs und BICs verwendet.

Die in diesem Werk aufgeführten Internetadressen sind auf dem Stand zum Zeitpunkt der Drucklegung. Die ständige Aktualität der Adressen kann vonseiten des Verlages nicht gewährleistet werden. Darüber hinaus übernimmt der Verlag keine Verantwortung für die Inhalte dieser Seiten.

Druck: westermann druck GmbH, Braunschweig

service@winklers.de
www.winklers.de

Bildungshaus Schulbuchverlage Westermann Schroedel Diesterweg Schöningh Winklers GmbH, Postfach 33 20, 38023 Braunschweig

ISBN 978-3-8045-5656-0

© Copyright 2015: Bildungshaus Schulbuchverlage Westermann Schroedel Diesterweg Schöningh Winklers GmbH, Braunschweig
Das Werk und seine Teile sind urheberrechtlich geschützt. Jede Nutzung in anderen als den gesetzlich zugelassenen Fällen bedarf der vorherigen schriftlichen Einwilligung des Verlages.
Hinweis zu § 52a UrhG: Weder das Werk noch seine Teile dürfen ohne eine solche Einwilligung eingescannt und in ein Netzwerk eingestellt werden. Dies gilt auch für Intranets von Schulen und sonstigen Bildungseinrichtungen.

VORWORT

Der Unterricht in der Berufsschule soll die Schülerinnen und Schüler zur Mitgestaltung ihrer Berufs- und Arbeitswelt befähigen. Um diesem Anspruch gerecht zu werden, muss im schulischen Handeln von **beruflichen Handlungssituationen** ausgegangen werden. Dies sind relevante berufstypische Aufgabenstellungen und Handlungsabläufe, die die Auszubildenden in ihrem späteren Berufsleben antreffen werden.

Im Unterricht wird daher die Arbeit mit entsprechend strukturierten **Lernsituationen** erforderlich. Sie konkretisieren die Lernfelder in Form von **komplexen Lehr-/Lernarrangements**. Dies geschieht durch didaktische Reflexion von **beruflichen Handlungssituationen**.

Im vorliegenden Arbeitsbuch wurden Handlungssituationen für das 2. Ausbildungsjahr des Ausbildungsberufs **Kaufmann/Kauffrau im Groß- und Außenhandel** konzipiert, die auf die Durchführung eines handlungsorientierten Unterrichts ausgerichtet sind. Für den optimalen Einsatz dieses Werkes wird das Lehrbuch „Groß im Handel, 2. Ausbildungsjahr" (Winklers 5565) empfohlen.

Als Ausgangspunkt haben wir Situationen konzipiert, die für die Berufsausübung im Großhandel bedeutsam sind. Daraus ergeben sich Handlungen, die gedanklich nachvollzogen oder möglichst selbst ausgeführt werden müssen **(Lernen durch Handeln)**. Der Unterrichtsverlauf und die Lerninhalte sind an die Struktur der jeweiligen Handlungssituation angelehnt. Die Schülerinnen und Schüler sollen zunächst ihr weiteres Vorgehen bei der Bearbeitung selbstständig planen, bevor sie die erforderlichen Handlungen aufgrund der eigenen Planung ebenfalls in eigener Verantwortung durchführen und kontrollieren, soweit dies aufgrund der jeweiligen Klassensituation möglich ist.

Bei der Konzipierung der Lernsituationen wurde Wert darauf gelegt, dass darin eine Problemstellung **(Handlungssituation)** enthalten ist, die einen klaren Bezug zu einer oder mehreren typischen beruflichen Handlungssituationen aufweist. Wir haben darauf geachtet, dass die **Handlungsaufgaben**, die zur Problemlösung bearbeitet werden sollen, eine ausreichend hohe, aber nicht überfordernde Komplexität aufweisen. Im Rahmen der ersten Handlungsaufgabe jeder Lernsituation erfolgt zunächst eine Reflexion und Erarbeitung der Problemstellung und die Planung des weiteren Vorgehens zum Lösen der aufgeworfenen Probleme. Diese erste Handlungsaufgabe sollte daher im Klassenverband gemeinsam bearbeitet werden.

Zur Problemlösung müssen mithilfe des Lehrbuches zunächst theoretische Lerninhalte erarbeitet werden. Die darauf aufbauende Problemlösung führt zu einem Handlungsprodukt. Dies ist das geistige oder materielle Ergebnis des Unterrichts. Daran kann der Erfolg des individuellen Lösungsweges gemessen werden. Es kann Folgendes kontrolliert werden:

– Ist die anfängliche Problemstellung erfolgreich gelöst worden?

– Welche Fehler (z. B. Informationsdefizite) waren die Ursachen für ein unzureichendes Handlungsprodukt?

Nach Durcharbeiten der Lernsituationen sollte Zeit eingeplant werden für Übungs-, Anwendungs- und Transferphasen, in denen das neu erworbene Wissen reorganisiert und gesichert werden kann. Im Rahmen der **Vertiefungs- und Anwendungsaufgaben** zu vielen Handlungssituationen haben wir derartige Übungs- und Wiederholungsaufgaben konzipiert. Darüber hinaus werden in den Vertiefungs- und Anwendungsaufgaben auch Inhalte bearbeitet, die aufgrund der Wahrung des Handlungsstrangs der Lernsituation nicht im Rahmen der Handlungsaufgaben bearbeitet werden konnten. Ferner stehen **im Lehrbuch** eine Vielzahl von Aufgaben (zum Wiederholen und Üben) und Aktionen (zur Anwendung und zum Transfer) zur Verfügung.

Für Verbesserungsvorschläge und Anregungen sind Verlag und Autoren stets dankbar.

INHALTSVERZEICHNIS

LERNFELD 5

5 Personalwirtschaftliche Aufgaben wahrnehmen 7
1. Wir führen eine quantitative Personalplanung durch 7
2. Wir gestalten eine Stellenanzeige für eine neu zu besetzende Stelle 10
3. Wir wählen Stellenbewerberinnen und -bewerber für ein Vorstellungsgespräch aus 16
4. Wir treffen eine Auswahlentscheidung für die ausgeschriebene Stelle 30
5. Wir bereiten die Einstellung eines neuen Mitarbeiters vor 37
6. Wir stellen einen Antrag auf Einkommensteuerveranlagung 46
7. Wir erkennen die Notwendigkeit und Grenzen der sozialen Sicherung 57
8. Wir erkennen Grenzen der sozialen Sicherung und die Notwendigkeit der privaten Altersvorsorge 68
9. Wir erstellen die Gehaltsabrechnung für den neuen Mitarbeiter 76
10. Wir schützen Daten vor Missbrauch, Verlust oder Beschädigung 81
11. Wir kündigen Mitarbeitern aus betrieblichen Gründen 93

LERNFELD 6

6 Logistische Prozesse planen, steuern und kontrollieren 100
1. Wir erfüllen unter Beachtung allgemeingültiger Lagergrundsätze verschiedene Aufgaben im Lager 100
2. Wir nähern uns dem optimalen Lagerbestand mithilfe der Bestandskontrolle und der Lagerkennziffern 104
3. Wir verwenden die EDV im Lager 112
4. Wir lagern Waren bei Lagerhaltern 116
5. Wir liefern Waren an Kunden mit eigenen Fahrzeugen aus 121
6. Wir wählen geeignete Frachtführer aus 124
7. Wir beauftragen unterschiedliche Frachtführer 128
8. Wir versenden Güter mit der Post und Kurier-, Express- und Paketdiensten 133
9. Wir liefern Güter mit der Post aus 142
10. Wir wenden das Just-in-time-Prinzip an 147

LERNFELD 7

7 Gesamtwirtschaftliche Einflüsse auf das Groß- und Außenhandelsunternehmen analysieren 150
1. Wir kennen die Merkmale verschiedener Wirtschaftsordnungen 150
2. Wir informieren uns über die Mechanismen der Preisbildung 155
3. Wir nutzen Kooperationen im Großhandel 163
4. Wir unterscheiden die wirtschaftspolitischen Ziele im Stabilitätsgesetz 170
5. Wir bestimmen Zielbeziehungen und Zielkonflikte im Rahmen des „Magischen Sechsecks". 183
6. Wir sind als Großhandelsunternehmen konjunkturellen Schwankungen ausgesetzt 191
7. Wir beachten fiskalpolitische Maßnahmen des Staates 197
8. Wir erkennen die Bedeutung von grundsätzlichen Strategien in der Außenwirtschaftspolitik und der Mitgliedschaft in internationalen Wirtschaftsorganisationen 201
9. Wir beachten Entscheidungen der Europäischen Zentralbank 209

		8	**Preispolitische Maßnahmen erfolgsorientiert vorbereiten und steuern**	217
		1	Wir unterscheiden und entwickeln Preisstrategien	217
		2	Wir kalkulieren Verkaufspreise und wenden unterschiedliche Preisstrategien an I – Vorwärtskalkulation – Kalkulationszuschlag – Kalkulationsfaktor	221
		3	Wir kalkulieren Verkaufspreise und wenden unterschiedliche Preisstrategien an II – Rückwärtskalkulation – Kalkulationsabschlag – Handelsspanne	232
		4	Wir kalkulieren Verkaufspreise und wenden unterschiedliche Preisstrategien an III – Differenzkalkulation	239
		5	Wir grenzen neutrale Aufwendungen und Erträge von den Kosten und Leistungen ab	242
		6	Wir führen eine Kostenstellenrechnung mithilfe des Betriebsabrechnungsbogens und der Kostenträgerzeitrechnung durch	252
		7	Wir führen eine Prozesskostenrechnung durch	257
		8	Wir treffen absatzpolitische Entscheidungen auf der Grundlage der Deckungsbeitragsrechnung	261
		9	Wir informieren uns über das Controlling und ermitteln Kennzahlen	266

Bildquellenverzeichnis 275

1 Wir führen eine quantitative Personalplanung durch

HANDLUNGSSITUATION

Herr Spindler lässt sich von der Verwaltungsleiterin Frau Bering die quantitative Personalplanung für die Filiale Hannover zeigen:

Dort werden demnächst zwei Rückkehrer vom Bundesfreiwilligendienst und drei Kolleginnen aus der Elternzeit als Zugang erwartet. Zwei Auszubildende werden übernommen. Als sichere Abgänge werden drei in den Mutterschutz gehende Beschäftigte erwartet. Fünf Mitarbeiter und Mitarbeiterinnen werden zum Monatsende in den Ruhestand gehen. Erfahrungsgemäß ist in dem Planungszeitraum mit weiteren drei Mitarbeiterinnen und Mitarbeitern zu rechnen, die die Filiale Hannover aus unterschiedlichen Gründen verlassen. Der aktuelle Personalbestand der Filiale Hannover beträgt zurzeit 31 Mitarbeiterinnen und Mitarbeiter. Laut Stellenplan hat die Filiale Hannover einen Personalbedarf von 33 Mitarbeiterinnen und Mitarbeitern.

Herr Spindler bittet Frau Bering, den Nettopersonalbedarf der Filiale Hannover zu ermitteln und ihm konkrete Vorschläge für die Personalbeschaffung zu machen.

Informationen zum Lösen der folgenden Handlungsaufgaben finden Sie im Lehrbuch „Groß im Handel, 2. Ausbildungsjahr" im Lernfeld 5, Kapitel 1 (Wir führen personalwirtschaftliche Aufgaben durch).

HANDLUNGSAUFGABEN

1. Welche Fragen muss Frau Bering klären, um den Auftrag ordnungsgemäß zu erfüllen?

LERNFELD 5

PERSONALWIRTSCHAFTLICHE AUFGABEN WAHRNEHMEN

2. Ermitteln Sie den Nettopersonalbedarf der Filiale Hannover. Nutzen Sie dazu das folgende Schema.

Personalbedarf laut Stellenplan	
= Bruttopersonalbedarf	
= Nettopersonalbedarf	

3. Erläutern Sie die Ergebnisse der in Aufgabe 2 durchgeführten quantitativen Personalbedarfsplanung.

WIR FÜHREN EINE QUANTITATIVE PERSONALPLANUNG DURCH

4. Machen Sie Vorschläge für die notwendigen Personalbeschaffungsmaßnahmen.

_____
_____
_____
_____
_____

5. Stellen Sie Vorteile und Nachteile der internen Personalbeschaffung gegenüber.

Vorteile	Nachteile

6. Notieren Sie die Möglichkeiten, die die Spindler KG nutzen kann, um externe Bewerber für die zu besetzenden Stellen in ihrer Filiale Hannover zu gewinnen.

_____
_____
_____
_____
_____
_____
_____

7. Machen Sie Herrn Spindler einen Vorschlag für die Durchführung der notwendigen Personalbeschaffungsmaßnahmen für die Filiale Hannover.

_____
_____
_____
_____
_____

VERTIEFUNGS- UND ANWENDUNGSAUFGABEN

Zur weiteren Vertiefung der Lerninhalte und Sicherung der Lernergebnisse empfehlen wir das Bearbeiten der Aufgaben und Aktionen im Kapitel 1 (Wir führen personalwirtschaftliche Aufgaben durch) des Lernfeldes 5 in Ihrem Lehrbuch „Groß im Handel, 2. Ausbildungsjahr".

LERNFELD 5

PERSONALWIRTSCHAFTLICHE AUFGABEN WAHRNEHMEN

2 Wir gestalten eine Stellenanzeige für eine neu zu besetzende Stelle

HANDLUNGSSITUATION

Die Spindler KG möchte in ihrer Filiale Hannover folgende Stellen neu besetzen:

- Sachbearbeiter/-in Einkauf Haushaltswäsche
- Sachbearbeiter/-in Verkauf Sport- und Freizeitartikel
- Außendienstmitarbeiter/-in Verkauf Haushaltswäsche

Anja Kruse und Thomas Zimmermann werden von der Leiterin der Verwaltungsabteilung beauftragt, die Entwürfe für die Stellenanzeigen zu erstellen.

Nutzen Sie zur Lösung der Handlungsaufgaben die Informationen in Ihrem Lehrbuch „Groß im Handel, 2. Ausbildungsjahr", Lernfeld 5, Kapitel 2 (Wir wirken bei der Einstellung von neuen Mitarbeitern mit).

HANDLUNGSAUFGABEN

1. Welche Fragen müssen Anja Kruse und Thomas Zimmermann klären, um den Auftrag zur Zufriedenheit der Personalleiterin zu erfüllen?

2. Stellen Sie die Angaben zusammen, die ein Anforderungsprofil für eine zu besetzende Stelle enthalten sollte.

3. Erstellen Sie das Anforderungsprofil für die zu besetzende Stelle eines Sachbearbeiters/einer Sachbearbeiterin Einkauf Haushaltswäsche.

Stellenbezeichnung	

4. Erstellen Sie das Anforderungsprofil für die zu besetzende Stelle einer Sachbearbeiterin/eines Sachbearbeiters Verkauf Sport- und Freizeitartikel.

Stellenbezeichnung	

LERNFELD 5

PERSONALWIRTSCHAFTLICHE AUFGABEN WAHRNEHMEN

5. Erstellen Sie das Anforderungsprofil für die zu besetzende Stelle einer Außendienstmitarbeiterin/eines Sachbearbeiters Verkauf Haushaltswäsche.

Stellenbezeichnung	

6. Stellen Sie die Informationen, die eine Stellenanzeige enthalten sollte, in einer Übersicht zusammen.

7. Erstellen Sie einen Entwurf für die Stellenanzeige „Sachbearbeiter/-in Einkauf Haushaltswäsche".

LERNFELD 5

PERSONALWIRTSCHAFTLICHE AUFGABEN WAHRNEHMEN

8. Erstellen Sie einen Entwurf für die Stellenanzeige „Sachbearbeiter/-in Verkauf Sport- und Freizeitartikel".

9. Erstellen Sie einen Entwurf für die Stellenanzeige „Außendienstmitarbeiter/-in Verkauf Haushaltswäsche".

VERTIEFUNGS- UND ANWENDUNGSAUFGABEN

Zur weiteren Vertiefung der Lerninhalte und Sicherung der Lernergebnisse empfehlen wir das Bearbeiten der 1. und 2. Aufgabe im Kapitel 2 (Wir wirken bei der Einstellung von neuen Mitarbeitern mit) des Lernfeldes 5 in Ihrem Lehrbuch „Groß im Handel, 2. Ausbildungsjahr".

LERNFELD 5

PERSONALWIRTSCHAFTLICHE AUFGABEN WAHRNEHMEN

3 Wir wählen Stellenbewerberinnen und -bewerber für ein Vorstellungsgespräch aus

HANDLUNGSSITUATION

Die Spindler KG benötigt eine neue Sachbearbeiterin oder einen neuen Sachbearbeiter für den Einkauf Haushaltswäsche in ihrer Filiale Hannover.

Auf die von Anja Kruse und Thomas Zimmerrmann entworfene Stellenanzeige haben sich vier Personen beworben.

Wir haben ehrgeizige Ziele und sind an aktiven Mitarbeiterinnen und Mitarbeitern interessiert.

Wir suchen heute

eine Sachbearbeiterin/einen Sachbearbeiter Einkauf Haushaltswäsche

für unsere Filiale in Hannover

Wir erwarten von unserer neuen Mitarbeiterin/unserem neuen Mitarbeiter

- überdurchschnittliche Einsatzbereitschaft
- umfangreiche Fachkenntnisse in der Warengruppe Haushaltswäsche
- Erfahrungen im Einkauf
- weitgehend selbstständiges, kreatives Arbeiten
- sicheres Auftreten, Durchsetzungsvermögen

Wir bieten Ihnen teamorientiertes Arbeiten, leistungsgerechte Bezahlung und interessante Sozialleistungen.

Bewerbungen mit Lebenslauf, Zeugnissen und Lichtbild richten Sie bitte an:

TEXTILGROSSHANDLUNG SPINDLER KG

Frau Bering • Goseriede 41 • 30159 Hannover

Die Leiterin der Personalabteilung, Frau Bering, bittet Anja Kruse und Thomas Zimmermann, sie bei der Auswahl der neuen Verkäuferin oder des neuen Verkäufers zu unterstützen. Sie beauftragt die beiden,

- die eingegangenen Bewerbungsunterlagen auf Vollständigkeit zu überprüfen und
- eine Vorauswahl für ein Vorstellungsgespräch vorzunehmen.

Nutzen Sie zur Lösung der Handlungsaufgaben die Informationen in Ihrem Lehrbuch „Groß im Handel, 2. Ausbildungsjahr", Lernfeld 5, Kapitel 2 (Wir wirken bei der Einstellung von neuen Mitarbeitern mit).

HANDLUNGSAUFGABEN

1. Welche Fragen müssen Anja Kruse und Thomas Zimmermann klären, um die geschilderte Aufgabe zu lösen?

2. Stellen Sie fest, welche Unterlagen bei einer schriftlichen Bewerbung eingereicht werden müssen.

3. Stellen Sie Kriterien für die Bewertung der Bewerbungsunterlagen in einer Übersicht zusammen.

LERNFELD 5

PERSONALWIRTSCHAFTLICHE AUFGABEN WAHRNEHMEN

4. Bewerten Sie die eingegangenen Bewerbungsunterlagen auf der Grundlage dieser Kriterien und treffen Sie eine begründete Vorauswahl für ein Vorstellungsgespräch.

Bewerbung 1

Katharina Schrader
Hogrefestraße 9
30169 Hannover

Hannover, 17. Mai 20..

Textilgroßhandlung Spindler KG
Frau Bering
Goseriede 41
30159 Hannover

Bewerbung

Sehr geehrte Frau Bering,

aufgrund Ihrer Anzeige in der Hannoverschen Zeitung vom 14. Mai 20.. bewerbe ich mich um die Stelle als Sachbearbeiterin Einkauf Haushaltswäsche in Ihrer Filiale in Hannover.
Bis zum 30. April 20.. war ich bei der Großhandlung Freimund KG in Hannover, Albaniplatz 14, als Sachbearbeiterin im Einkauf tätig. Hier konnte ich mir die Warenkenntnisse und Erfahrungen im Einkauf aneignen, die für die von Ihnen ausgeschriebene Stelle erforderlich sind.

Nähere Einzelheiten über meine Person und meinen beruflichen Werdegang können Sie meinem Lebenslauf und dem beigefügten Zeugnis entnehmen.

Ich wäre Ihnen dankbar, wenn Sie meine Bewerbung berücksichtigen würden.
Zu einer persönlichen Vorstellung bin ich jederzeit bereit.

Mit freundlichem Gruß

Katharina Schrader

Anlagen

Katharina Schrader
Hogrefestraße 9
30169 Hannover

Lebenslauf

Name:	Katharina Schrader
Geburtsdatum:	27. April 1980
Geburtsort:	Alfeld/Leine
Familienstand:	ledig
Schulbildung:	vom 1. August 1986 bis 31. Juli 1990 Grundschule, Alfeld/Leine vom 1. August 1990 bis 31. Juli 1996 Käthe-Kollwitz-Realschule, Alfeld/Leine
Berufsausbildung:	vom 1. August 1996 bis 31. Mai 1999 Ausbildung zur Kauffrau im Groß- und Außenhandel bei der Sanitärgroßhandlung Freitag OHG, Schuhstraße 18, Hildesheim
Berufstätigkeit:	vom 1. Juni 1999 bis 30. April 20.. bei der Großhandlung Freimund KG, Hannover, Albaniplatz 14 als Sachbearbeiterin im Einkauf beschäftigt

Hannover, 17. Mai 20..

Arbeitszeugnis für Katharina Schrader

Frau Katharina Schrader, geboren am 27. April 1980 in Alfeld/Leine, war vom 01.06.1999 bis 30. April 20.. als Sachbearbeiterin im Einkauf unseres Unternehmens in Hannover beschäftigt.

Ihr Aufgabengebiet umfasste:
- Einholen und Auswerten von Angeboten,
- Bestellabwicklung,
- Terminüberwachung,
- kaufmännische Bearbeitung von Reklamationen,
- Erfassen und Pflege von Artikel- und Liefererstammdaten.

Frau Schrader verfügt über ein äußerst umfassendes und hervorragendes Fachwissen, das sie zur Bewältigung ihrer Aufgaben stets sehr sicher und erfolgreich einsetzte. Sie hat sich innerhalb kürzester Zeit in ihren gestellten Aufgabenbereich eingearbeitet. Sie war äußerst zuverlässig. Dabei war sie auch höchstem Zeitdruck und Arbeitsaufwand stets gewachsen. Sie beeindruckte stets durch qualitativ und quantitativ hervorragende Ergebnisse. Frau Schrader hat die ihr übertragenen Aufgaben stets zu unserer vollsten Zufriedenheit erledigt. Ihr Verhalten gegenüber Vorgesetzten, Kollegen und Kunden war stets hervorragend.

Frau Schrader verlässt unser Unternehmen auf eigenen Wunsch.

Wir danken Schrader für die stets hervorragende Zusammenarbeit und bedauern es sehr, sie als Mitarbeiter zu verlieren. Für ihren weiteren Berufs- und Lebensweg wünschen wir ihr alles Gute und auch weiterhin viel Erfolg.

Großhandlung Freimund KG

Claudia Freimund

Bewerbung 2

Julia Gerber
Gustav-Freytag-Straße 6
30168 Hannover

Hannover, 18. Mai 20..

Spindler KG
Frau Bering
Goseriede 41
30159 Hannover

Bewerbung

Sehr geehrte Frau Bering,

aufgrund Ihrer Anzeige in der Hannoverschen Zeitung vom 14. Mai 20.. bewerbe ich mich als Sachbearbeiterin im Einkauf in Ihrer Filiale in Hannover.
Bis zum 30.06. 2012 war ich bei der Wäschemanufaktur Schütt GmbH in Hannover, Schützenplatz 12, als Sachbearbeiterin im Einkauf tätig. Hier konnte ich mir die Warenkenntnisse und kaufmännischen Erfahrungen aneignen, die die von Ihnen ausgeschriebene Stelle erfordert.

Nähere Einzelheiten über meine Person und meinen beruflichen Werdegang können Sie meinem Lebenslauf und dem beigefügten Zeugnis entnehmen.

Ich wäre Ihnen dankbar, wenn Sie meine Bewerbung berücksichtigen würden.
Zu einer persönlichen Vorstellung bin ich jederzeit gern bereit.

Mit freundlichem Gruß

Julia Gerber

Anlagen

Julia Gerber
Gustav-Freytag-Straße 6
34567 Schönstadt

Lebenslauf

Name: Julia Gerber

Geburtsdatum: 15. Juli 1992

Geburtsort: Göttingen

Familienstand: verheiratet

Schulbildung: vom 1. August 1998 bis 31. Juli 2002
                    Reichweinschule, Göttingen
                    vom 1. August 2002 bis 31. Juli 2008
                    Hanna-Voigt-Schule, Göttingen

Berufsausbildung: vom 1. August 2008 bis 31. Mai 2011
                    Ausbildung zur Kauffrau im Groß- und Außenhandel
                    bei der Sanitärgroßhandlung Weidemann KG,
                    Goethestraße 4, Göttingen

Berufstätigkeit: vom 1. Juni 2011 bis 30. Juni 2013 bei der Firma
                    Wäschemanufaktur Schütt als Einkaufssachbearbeiterin beschäftigt

Hannover, 18. Mai 20..

Arbeitszeugnis für Julia Gerber

Frau Julia Gerber, geboren am 15. Juli 1992 in Göttingen, war vom 1. Juni 2011 bis 30. Juni 2013 als Einkaufssachbearbeiterin in unserem Unternehmen tätig.

Ihr Aufgabengebiet umfasste:
- Einholen und Auswerten von Angeboten,
- dispositive kaufmännische Bestellabwicklung,
- Sicherung und Kontrolle von Lieferterminen,
- Bearbeitung von Reklamationen.

Frau Gerber verfügt über ein den Anforderungen entsprechendes Fachwissen. Sie hat sich unseren Erwartungen entsprechend in den ihr gestellten Aufgabenbereich eingearbeitet. Sie war zuverlässig und erledigte die entscheidenden Aufgaben problemlos. Dabei war sie üblichem Zeitdruck und Arbeitsaufwand gewachsen. Sie strebte gute Ergebnisse an. Frau Gerber hat die ihr übertragenen Aufgaben zu unserer Zufriedenheit erledigt. Ihr Verhalten gegenüber Kollegen und Vorgesetzten war zufriedenstellend.

Frau Gerber verlässt unser Unternehmen im gegenseitigen Einvernehmen.

Wir danken Frau Gerber für die erbrachte Leistung und wünschen ihr für die Zukunft weiterhin alles Gute.

Wäschemanufaktur Schütt

Schneider

Bewerbung 3

Juliane Döpfner
Eichenstraße 6
31058 Garbsen

Garbsen, 17. Mai 20..

Spindler KG
Frau Bering
Goseriede 41
30159 Hannover

Bewerbung

Sehr geehrte Frau Bering,

mit Bezug auf Ihre Anzeige in der Hannoverschen Zeitung vom 14. Mai 20.. bewerbe ich mich um die Stelle als Sachbearbeiterin im Einkauf in Ihrer Filiale in Hannover.
Bis zum 30. März 2014 war ich noch bei der Textilgroßhandlung Wolff OHG in Oldenburg, als Einkaufssachbearbeiterin tätig. Hier konnte ich mir die Warenkenntnisse und kaufmännischen Erfahrungen aneignen, die für die von Ihnen ausgeschriebene Stelle notwendig sind.

Nähere Einzelheiten zu meiner Person und meinem beruflichen Werdegang können Sie meinem Lebenslauf und dem beigefügten Zeugnis entnehmen.

Ich könnte die Stelle in Ihrem Geschäft frühestens am 1. Juni 20.. antreten.
Ich wäre Ihnen dankbar, wenn Sie meine Bewerbung berücksichtigen würden.
Zu einer persönlichen Vorstellung bin ich gern bereit.

Mit freundlichem Gruß

Juliane Döpfner

Anlagen

Juliane Döpfner
Eichenstraße 6
31058 Garbsen

Lebenslauf

Name:	Juliane Döpfner
Geburtsdatum:	17. November 1988
Geburtsort:	Oldenburg (Oldenburg)
Familienstand:	ledig
Schulbildung:	vom 1. August 1984 bis 31. Juli 1988 Heinrich-Böll-Schule, Oldenburg vom 1. August 1988 bis 31. Juli 1994 Voigt-Realschule, Oldenburg
Berufsausbildung:	vom 1. August 1994 bis 31. Mai 1997 Ausbildung zur Kauffrau im Groß- und Außenhandel bei der Bürobedarfsgroßhandlung Müller & Co., Neumarkt 14, Oldenburg
Berufstätigkeit:	vom 1. Juni 1997 bis 30. März 2014 bei der Textilgroßhandlung Wolf OHG als Sachbearbeiterin im Einkauf beschäftigt

Garbsen, 17. Mai 20..

Arbeitszeugnis für Juliane Döpfner

Frau Juliane Döpfner, geboren am 17. November 1988 in Oldenburg (Oldenburg), war vom 1. August 2007 bis 30. März 2014 als Einkaufssachbearbeiterin in unserem Unternehmen beschäftigt.

Zu ihren Aufgaben gehörten:
- Einholen und Auswerten von Angeboten,
- dispositive kaufmännische Bestellabwicklung,
- Sicherung und Kontrolle von Terminen,
- kaufmännische Bearbeitung von Reklamationen,
- Stammdatenpflege.

Frau Döpfner verfügt über ein umfassendes und gutes Fachwissen, das sie zur Bewältigung ihrer Aufgaben sehr sicher und erfolgreich einsetzte. Sie hat sich innerhalb kurzer Zeit in den ihr gestellten Aufgabenbereich eingearbeitet. Sie verfolgte die vereinbarten Ziele nachhaltig und erfolgreich. Sie war sehr zuverlässig und ihr Arbeitsstil war stets geprägt durch sorgfältige Planung und Systematik. Dabei war sie auch erhöhtem Zeitdruck und Arbeitsaufwand gut gewachsen. Sie lieferte stets qualitativ und quantitativ gute Ergebnisse. Frau Döpfner hat die ihr übertragenen Aufgaben stets zu unserer vollen Zufriedenheit erledigt. Ihr Verhalten gegenüber Vorgesetzten, Kollegen und Kunden war stets einwandfrei.

Frau Döpfner verlässt unser Unternehmen auf eigenen Wunsch.

Wir danken Frau Döpfner für ihre wertvolle Mitarbeit und bedauern es, sie als Mitarbeiterin zu verlieren. Für ihren weiteren Berufs- und Lebensweg wünschen wir ihr alles Gute und auch weiterhin viel Erfolg.

Textilgroßhandlung Wolf OHG

Waltraud Wolf

Bewerbung 4

Matthias Conrad   Laatzen, 18. Mai 20..
Wiesenstraße 14
31124 Laatzen

Spindler KG
Frau Bering
Goseriede 41
30159 Hannover

Bewerbung

Sehr geehrte Frau Bering,

aufgrund Ihrer Anzeige in der Hannoverschen Zeitung vom 14. Mai 20.. bewerbe ich mich um die Stelle als Sachbearbeiter Einkauf in Ihrer Filiale in Hannover.
In der Zeit vom 1. Juni 2009 bis zum 30. September 2013 war ich beim Baufachmarkt „Realkauf" in Laatzen als Einkäufer tätig. Hier konnte ich mir die für die ausgeschriebene Stelle erforderlichen Warenkenntnisse und kaufmännischen Erfahrungen aneignen.

Näheres über meine Person und meinen beruflichen Werdegang können Sie meinem Lebenslauf und dem beigefügten Zeugnis entnehmen.

Ich würde mich freuen, wenn Sie meine Bewerbung berücksichtigen würden.
Zu einer persönlichen Vorstellung bin ich jederzeit bereit.

Mit freundlichem Gruß

Matthias Conrad

Anlagen

Matthias Conrad
Wiesenstraße 14
31124 Laatzen

Lebenslauf

Name:	Matthias Conrad
Geburtsdatum:	15. Mai 1990
Geburtsort:	Bremen
Familienstand:	verheiratet
Schulbildung:	vom 1. August 1996 bis 31. Juli 2000 Grundschule Bremen-Vegesack vom 1. August 2000 bis 31. Juli 2006 Realschule Neue Vah
Berufsausbildung:	vom 1. August 2006 bis 31. Mai 2009 Ausbildung zum Kaufmann im Groß- und Außenhandel bei der Früchtegroßhandlung „Frischkauf", Schusterstraße 28, Bremen
Berufstätigkeit:	vom 1. Juni 2009 bis 30. September 2013 bei der Firma „Realkauf", Laatzen als Einkäufer

Laatzen, 17. Mai 20..

Arbeitszeugnis für Herrn Matthias Conrad

Herr Matthias Conrad, geboren am 15. Mai 1990 in Bremen, war vom 1. Juni 2009 bis 30. September 2013 als Mitarbeiter im Einkauf unseres Unternehmens beschäftigt.

Sein Aufgabengebiet umfasste:
- Bestellabwicklung,
- Kontrolle von Terminen,
- Bearbeitung von Reklamationen.

Herr Conrad verfügt über ein solides Fachwissen, das er zur Bewältigung seiner Aufgaben erfolgreich einsetzte. Er hat sich engagiert in den ihm gestellten Aufgabenbereich eingearbeitet und verfolgte die vereinbarten Ziele nachhaltig. Er war zuverlässig. Dabei war er auch hohem Zeitdruck und Arbeitsaufwand gewachsen. Die Qualität seiner Arbeitsergebnisse erfüllte in vollem Umfang die an ihn gestellten Anforderungen. Herr Conrad hat die ihm übertragenen Aufgaben zu unserer vollen Zufriedenheit erledigt. Sein Verhalten gegenüber Vorgesetzten, Kollegen und Kunden war einwandfrei.

Das Arbeitsverhältnis endet aus betriebsbedingten Gründen zum 30. September 2013.

Wir danken Herrn Conrad für die erbrachte Leistung und wünschen ihm für die Zukunft weiterhin alles Gute.

Realkauf

Lehmann

LERNFELD 5

PERSONALWIRTSCHAFTLICHE AUFGABEN WAHRNEHMEN

VERTIEFUNGS- UND ANWENDUNGSAUFGABEN

Zur weiteren Vertiefung der Lerninhalte und Sicherung der Lernergebnisse empfehlen wir das Bearbeiten der 3. und 4. Aufgabe im Kapitel 2 (Wir wirken bei der Einstellung von neuen Mitarbeitern mit) des Lernfeldes 5 in Ihrem Lehrbuch „Groß im Handel, 2. Ausbildungsjahr".

4 Wir treffen eine Auswahlentscheidung für die ausgeschriebene Stelle

HANDLUNGSSITUATION

Auf die Anzeige für die Stelle „Sachbearbeiterin/Sachbearbeiter Einkauf Haushaltswäsche" haben sich vier Personen beworben. Von diesen vier Personen haben Anja Kruse und Thomas Zimmermann nach Rücksprache mit der Leiterin der Personalabteilung, Frau Bering, zwei Bewerberinnen oder Bewerber eingeladen.

Diese Vorstellungsgespräche wird Frau Bering durchführen.

Sie bittet Anja Kruse und Thomas Zimmermann, sie zu unterstützen und die Vorstellungsgespräche mit den ausgewählten Bewerberinnen und Bewerbern vorzubereiten.

Nutzen Sie zur Lösung der Handlungsaufgaben die Informationen in Ihrem Lehrbuch „Groß im Handel, 2. Ausbildungsjahr", Lernfeld 5, Kapitel 2 (Wir wirken bei der Einstellung neuer Mitarbeiter mit).

HANDLUNGSAUFGABEN

1. Welche Fragen müssen Anja Kruse und Thomas Zimmermann klären, um den Auftrag zu erfüllen?

2. Erstellen Sie einen Ablaufplan für die Vorstellungsgespräche.

3. Stellen Sie fest, welche Inhalte Frau Bering in den einzelnen Phasen des Vorstellungsgesprächs ansprechen sollte.

WIR TREFFEN EINE AUSWAHLENTSCHEIDUNG FÜR DIE AUSGESCHRIEBENE STELLE

Quelle: Maess, Kerstin/Maess, Thomar (Hrsg.): Personaljahrbuch 2001, Neuwied

4. Sammeln Sie Beurteilungskriterien für ein Vorstellungsgespräch.

5. Versetzen Sie sich in die Rolle von Frau Bering und führen Sie zwei Vorstellungsgespräche mit den in Lernsituation 3 ausgewählten Bewerberinnen und Bewerbern in einem Rollenspiel durch. Werten Sie die Vorstellungsgespräche unter Berücksichtigung der in Aufgabe 4 gesammelten Kriterien aus.

6. Treffen Sie eine begründete Auswahlentscheidung für die ausgeschriebene Stelle.

LERNFELD 5

PERSONALWIRTSCHAFTLICHE AUFGABEN WAHRNEHMEN

VERTIEFUNGS- UND ANWENDUNGSAUFGABEN

1. Beschreiben Sie die möglichen Bestandteile eines Assessment-Centers.

2. Welche Vorteile bietet das Assessment-Center im Vergleich zu anderen Personalauswahlverfahren (Vorstellungsgespräche, Fragebogen, Tests)?

Zur weiteren Vertiefung und Sicherung der Lernergebnisse empfehlen wir das Bearbeiten der 5. Aufgabe und der 2. Aktion im Kapitel 2 (Wir wirken bei der Einstellung neuer Mitarbeiter mit) des Lernfeldes 5 in Ihrem Lehrbuch „Groß im Handel, 2. Ausbildungsjahr".

WIR BEREITEN DIE EINSTELLUNG EINES NEUEN MITARBEITERS VOR

5 Wir bereiten die Einstellung eines neuen Mitarbeiters vor

HANDLUNGSSITUATION

Die Leiterin der Personalabteilung, Frau Bering, bittet Anja Kruse, die Einstellung der neuen Sachbearbeiterin bzw. des neuen Sachbearbeiters Einkauf Haushaltswäsche vorzubereiten und einen Arbeitsvertragsentwurf für die neue Mitarbeiterin oder den neuen Mitarbeiter zu erstellen.

Nutzen Sie zur Lösung der Handlungsaufgaben die Informationen in Ihrem Lehrbuch „Groß im Handel, 2. Ausbildungsjahr", Lernfeld 5, Kapitel 3 (Wir erkennen die Bedeutung von Arbeitsverträgen für das Arbeitsverhältnis) und 5 (Wir nutzen die Möglichkeiten der innerbetrieblichen Mitbestimmung).

HANDLUNGSAUFGABEN

1. Welche Fragen muss Anja Kruse klären, um den Auftrag ordnungsgemäß zu erfüllen?

2. Stellen Sie fest, welche Personen bei der Einstellung der neuen Mitarbeiterin oder des neuen Mitarbeiters beteiligt werden müssen.

LERNFELD 5

PERSONALWIRTSCHAFTLICHE AUFGABEN WAHRNEHMEN

3. Erstellen Sie eine Übersicht der wesentlichen Inhalte eines Arbeitsvertrags.

_____

3. Erstellen Sie eine Übersicht der Bestimmungen des Arbeitszeitgesetzes und des Bundesurlaubsgesetzes, die bei der Gestaltung des Arbeitsvertrags berücksichtigt werden müssen.

Nutzen Sie dazu die Informationen zum Arbeitszeitgesetz in Ihrem Lehrbuch „Groß im Handel, 2. Ausbildungsjahr", Lernfeld 5, Kapitel 5 und den folgenden Auszug aus dem Bundesurlaubsgesetz.

Auszug aus dem Bundesurlaubsgesetz

§ 3 Dauer des Urlaubs
(1) Der Urlaub beträgt jährlich mindestens 24 Werktage.
(2) Als Werktage gelten alle Kalendertage, die nicht Sonn- oder gesetzliche Feiertage sind.

4. Stellen Sie die Bestimmungen des für die Spindler KG maßgeblichen Tarifvertrags zusammen, die bei der Festlegung der Gehaltshöhe und der Arbeitszeit im Arbeitsvertrag für die neue Mitarbeiterin oder den neuen Mitarbeiter beachtet werden müssen.

Nutzen Sie dazu die folgenden Informationen zum Manteltarifvertrag und zum Lohn- und Gehaltstarifvertrag für Unternehmen des Großhandels.

Tarifbereich/Branche Groß- und Außenhandel

Tarifvertragsparteien/Ansprechpartner

Tarifgemeinschaft des Großhandels – Außenhandels und der Dienstleistungen in Nordrhein-Westfalen, Achenbachstr. 28, 40237 Düsseldorf

Vereinte Dienstleistungsgewerkschaft ver.di e. V., Landesbezirk Nordrhein-Westfalen, Karlstr. 123–127, 40210 Düsseldorf

DHV – Die Berufsgewerkschaft e. V., Landesverband Nordrhein-Westfalen, Grabenstr. 95, 47057 Duisburg

Fachlicher Geltungsbereich

Die Tarifverträge gelten für Groß- und Außenhandelsunternehmen einschließlich der Hilfs- und Nebenbetriebe. Sie gelten auch für die Groß- und Außenhandelsunternehmen, die im Rahmen ihres Handelsgeschäfts Nebenleistungen erbringen, wie z.B.: Brenn-, Säg-, Bohr-, Schneid-, Fräs-, Spalt-, Stahlbiege- und Flechtarbeiten, Montage, Instandhaltung und Instandsetzung, Holz- und Holzschutzarbeiten, Vermietung von Maschinen, auch Baumaschinen mit Bedienungspersonal.

Laufzeit des Manteltarifvertrags: gültig ab 01.10.2007 – in der Fassung ab 01.01.2012

Laufzeit des Lohn- und Gehaltstarifvertrags: gültig ab 01.05.2013 – kündbar zum 30.04.2015 (einschl. Ausbildungsvergütung)

Höhe der Monatsgehälter für Angestellte

	ab 01.05.2013	ab 01.07.2013	ab 01.05.2014

Unterste Gehaltsgruppe

ohne Berufsausbildung, überwiegend schematische oder mechanische Tätigkeiten

	ab 01.05.2013	ab 01.07.2013	ab 01.05.2014
	1.570,00 € bis 2.048,00 €	1.726,00 € bis 2.109,00 €	1.762,00 € bis 2.153,00 €

Einstieg nach Ausbildung

abgeschlossene Ausbildung als Kaufmann/-frau im Groß- und Außenhandel, Bürokaufmann/-frau oder eine gleichwertige Ausbildung; Nach mindestens 4-jähriger entsprechender praktischer Tätigkeit kann eine Gleichstellung erfolgen.

	ab 01.05.2013	ab 01.07.2013	ab 01.05.2014
im 1. und 2. Jahr	1.907,00 €	1.964,00 €	2.005,00 €
im 3. und 4. Jahr	2.006,00 €	2.066,00 €	2.109,00 €
im 5. und 6. Jahr	2.156,00 €	2.221,00 €	2.268,00 €
ab 7. Jahr	2.358,00 €	2.429,00 €	2.480,00 €

Höchste Gehaltsgruppe

selbstständiges und verantwortliches Bearbeiten eines Aufgabenbereiches und vielseitige Fachkenntnisse auch in angrenzenden Bereichen und Berufserfahrung; entsprechende verantwortliche Spezialistentätigkeit

	ab 01.05.2013	ab 01.07.2013	ab 01.05.2014
	3.683,00 € bis 4.232,00 €	3.793,00 € bis 4.359,00 €	3.873,00 € bis 4.451,00 €

Wöchentliche Regelarbeitszeit

38,5 Stunden

Urlaubsdauer

36 Werktage

zusätzliches Urlaubsgeld

im Jahr 2002 € 613,55; ab dem Jahr 2003 € 643,55
Auszubildende erhalten im Jahr 2002 € 460,16 und ab dem Jahr 2003 € 480,00.

Jahressonderzahlung (Weihnachtsgeld)

433,92 €
Auszubildende erhalten 216,96 €.

Vermögenswirksame Leistung

52,00 € Arbeitgeberanteil je Monat

Quelle: tarifregister.nrw.de

5. Erstellen Sie den Arbeitsvertragsentwurf.

Arbeitsvertrag

Zwischen _____
(Name und Adresse des Arbeitgebers) — nachfolgend „Arbeitgeber" genannt —

vertreten durch _____

und _____ — nachfolgend „Arbeitgeber" genannt —

Herrn/Frau _____

wohnhaft _____

— nachfolgend „Arbeitnehmer/-in" genannt —

wird folgender Arbeitsvertrag geschlossen:

§ 1 Beginn des Arbeitsverhältnisses

Das Arbeitsverhältnis beginnt am ....

§ 2 Probezeit

Das Arbeitsverhältnis wird auf unbestimmte Zeit geschlossen. Die ersten drei Monate gelten als Probezeit. Während der Probezeit kann das Arbeitsverhältnis beiderseits mit einer Frist von zwei Wochen gekündigt werden.

§ 3 Tätigkeit

Der Arbeitnehmer wird als _____ eingestellt

und vor allem mit folgenden Arbeiten beschäftigt:
_____
_____

Er verpflichtet sich, auch andere Arbeiten auszuführen – auch an einem anderen Ort –, die seinen Vorkenntnissen und Fähigkeiten entsprechen. Dies gilt, soweit dies bei Abwägung der Interessen des Arbeitgebers und des Arbeitnehmers zumutbar und nicht mit einer Lohnminderung verbunden ist.

§ 4 Arbeitsvergütung

Der Arbeitnehmer erhält eine monatliche Bruttovergütung von _____ €.

Soweit eine zusätzliche Zahlung vom Arbeitgeber gewährt wird, handelt es sich um eine freiwillige Leistung. Auch die wiederholte vorbehaltslose Zahlung begründet keinen Rechtsanspruch auf Leistungsgewährung für die Zukunft. Ein Anspruch auf Zuwendungen besteht nicht für Zeiten, in denen das Arbeitsverhältnis ruht und kein Anspruch auf Arbeitsentgelt besteht. Dies gilt insbesondere für Elternzeit, Wehr- und Zivildienst und unbezahlte Freistellung. Voraussetzung für die Gewährung einer Gratifikation ist stets, dass das Arbeitsverhältnis am Auszahlungstag weder beendet noch gekündigt ist.

§ 5 Arbeitszeit

Die regelmäßige wöchentliche Arbeitszeit beträgt zurzeit _____ Stunden. Beginn und Ende der täglichen Arbeitszeit richten sich nach der betrieblichen Einteilung.

§ 6 Urlaub

Der Arbeitnehmer hat Anspruch auf einen gesetzlichen Mindesturlaub von _____ Arbeitstagen im Kalenderjahr – ausgehend von einer Fünf-Tage-Woche. Der Arbeitgeber gewährt zusätzlich einen vertraglichen Urlaub von weiteren _____ Arbeitstagen. Bei der Gewährung von Urlaub wird zuerst der gesetzliche Urlaub eingebracht.

Bei Ausscheiden in der zweiten Jahreshälfte wird der Urlaubsanspruch gezwölftelt, wobei die Kürzung allerdings nur insoweit erfolgt, als dadurch nicht der gesetzlich vorgeschriebene Mindesturlaub unterschritten wird.

Der Zusatzurlaub mindert sich für jeden vollen Monat, in dem der Arbeitnehmer keinen Anspruch auf Entgelt oder Entgeltfortzahlung hatte. Kann der Zusatzurlaub nicht bis zum Ablauf des 31.03. des Folgejahres in Anspruch genommen werden, verfällt der Urlaubsanspruch ersatzlos auch dann, wenn der Urlaub im Übertragungszeitraum wegen Arbeitsunfähigkeit des Arbeitnehmers nicht genommen werden kann.

Kann der gesetzliche Urlaub wegen der Beendigung des Arbeitsverhältnisses ganz oder teilweise nicht mehr gewährt werden, so ist er abzugelten. In Bezug auf den gesetzlichen Urlaubsanspruch besteht ein Abgeltungsanspruch auch dann, wenn die Inanspruchnahme wegen krankheitsbedingter Arbeitsunfähigkeit nicht erfolgt ist. Eine Abgeltung des übergesetzlichen Urlaubsanspruchs ist ausgeschlossen.

Die rechtliche Behandlung des Urlaubs richtet sich im Übrigen nach den gesetzlichen Bestimmungen.

§ 7 Krankheit

Ist der Arbeitnehmer infolge unverschuldeter Krankheit arbeitsunfähig, so besteht Anspruch auf Fortzahlung der Arbeitsvergütung bis zur Dauer von sechs Wochen nach den gesetzlichen Bestimmungen. Die Arbeitsverhinderung ist dem Arbeitgeber unverzüglich mitzuteilen. Dauert die Arbeitsunfähigkeit länger als drei Kalendertage, hat der Arbeitnehmer eine ärztliche Bescheinigung über das Bestehen sowie deren voraussichtliche Dauer spätestens an dem auf den dritten Kalendertag folgenden Arbeitstag vorzulegen. Diese Nachweispflicht gilt auch nach Ablauf der sechs Wochen. Der Arbeitgeber ist berechtigt, die Vorlage der Arbeitsunfähigkeitsbescheinigung früher zu verlangen.

§ 8 Verschwiegenheitpflicht

Der Arbeitnehmer verpflichtet sich, während der Dauer des Arbeitsverhältnisses und auch nach dem Ausscheiden, über alle Betriebs- und Geschäftsgeheimnisse Stillschweigen zu bewahren.

§ 9 Nebentätigkeit

Jede entgeltliche oder das Arbeitsverhältnis beeinträchtigende Nebenbeschäftigung ist nur mit Zustimmung des Arbeitgebers zulässig.

§ 10 Vertragsstrafe

Der Arbeitnehmer verpflichtet sich für den Fall, dass er das Arbeitsverhältnis nicht vertragsgemäß antritt oder das Arbeitsverhältnis vertragswidrig beendet, dem Arbeitgeber eine Vertragsstrafe in Höhe einer halben Bruttomonatsvergütung für einen Vertragsbruch bis zum Ende der Probezeit und einer Bruttomonatsvergütung nach dem Ende der Probezeit zu zahlen. Das Recht des Arbeitgebers, weitergehende Schadensersatzansprüche geltend zu machen, bleibt unberührt.

§ 11 Kündigung

Nach Ablauf der Probezeit beträgt die Kündigungsfrist vier Wochen zum 15. oder Ende eines Kalendermonats. Jede gesetzliche Verlängerung der Kündigungsfrist zugunsten des Arbeitnehmers gilt in gleicher Weise auch zugunsten des Arbeitgebers. Die Kündigung bedarf der Schriftform. Vor Antritt des Arbeitsverhältnisses ist die Kündigung ausgeschlossen.

Der Arbeitgeber ist berechtigt, den Arbeitnehmer bis zur Beendigung des Arbeitsverhältnisses freizustellen. Die Freistellung erfolgt unter Anrechnung der dem Arbeitnehmer eventuell noch zustehenden Urlaubsansprüche sowie eventueller Guthaben auf dem Arbeitszeitkonto. In der Zeit der Freistellung hat sich der Arbeitnehmer einen durch Verwendung seiner Arbeitskraft erzielten Verdienst auf den Vergütungsanspruch gegenüber dem Arbeitgeber anrechnen zu lassen.

Das Arbeitsverhältnis endet spätestens mit Ablauf des Monats, in dem der Arbeitnehmer das 65. Lebensjahr vollendet hat. Sollte das gesetzliche Rentenalter geändert werden, gilt die Befristung bis zu dem dann jeweils festgelegten Renteneintrittsalter.

§ 12 Verfall-/Ausschlussfristen

Die Vertragschließenden müssen Ansprüche aus dem Arbeitsverhältnis innerhalb von drei Monaten (oder: sechs Monaten) nach ihrer Fälligkeit schriftlich geltend machen und im Falle der Ablehnung durch die Gegenseite innerhalb von weiteren drei Monaten einklagen.

Andernfalls erlöschen sie. Für Ansprüche aus unerlaubter Handlung verbleibt es bei der gesetzlichen Regelung.

§ 13 Zusätzliche Vereinbarungen

....

....

§ 14 Vertragsänderungen und Nebenabreden

Aus dem reinen einseitigen Verhalten des Arbeitgebers erwachsen dem Arbeitnehmer keine vertraglichen Rechtsansprüche, sofern nicht eine mündliche oder schriftliche einvernehmliche Vertragsänderung vorliegt (Ausschluss der betrieblichen Übung).

Sollten einzelne Bestimmungen dieses Vertrags unwirksam sein oder werden, wird hierdurch die Wirksamkeit des Vertrages im Übrigen nicht berührt.

Der Arbeitnehmer verpflichtet sich, dem Arbeitgeber unverzüglich über Veränderungen der persönlichen Verhältnisse wie Familienstand, Kinderzahl und Adresse Mitteilung zu machen.

_____
Ort, Datum

....
Unterschrift Arbeitgeber   Unterschrift Arbeitnehmer/-in

Quelle: IHK Arbeitsgemeinschaft Hessen, Muster eines Arbeitsvertrags
http://www.frankfurt-main.ihk.de/recht/mustervertrag/arbeitsvertragstandard/index.html

LERNFELD 5

PERSONALWIRTSCHAFTLICHE AUFGABEN WAHRNEHMEN

6. Erstellen Sie eine Übersicht der Pflichten, die sich aus dem Arbeitsvertrag für die neue Einkäuferin oder den neuen Einkäufer und die Spindler KG ergeben.

Pflichten des Arbeitnehmers	Pflichten des Arbeitgebers

7. Erläutern Sie die von Ihnen in Aufgabe 6 zusammengestellten Pflichten Ihrem Nachbarn.

VERTIEFUNGS- UND ANWENDUNGSAUFGABEN

Zur weiteren Vertiefung der Lerninhalte und Sicherung der Lernergebnisse empfehlen wir das Bearbeiten der Aufgaben und Aktionen in den Kapiteln 3 (Wir erkennen die Bedeutung von Arbeitsverträgen für das Arbeitsverhältnis) und 5 (Wir nutzen die Möglichkeiten der innerbetrieblichen Mitbestimmung) des Lernfeldes 5 in Ihrem Lehrbuch „Groß im Handel, 2. Ausbildungsjahr".

LERNFELD 5

PERSONALWIRTSCHAFTLICHE AUFGABEN WAHRNEHMEN

6 Wir stellen einen Antrag auf Einkommensteuerveranlagung

HANDLUNGSSITUATION

Thomas Fischer ist der Onkel von Martin Solms. Leider hat er keine Ahnung vom Steuerrecht und somit hat er Martin gefragt, ob dieser seine Einkommensteuererklärung für ihn erstellen könnte. Martin hat seinem Onkel sofort zugesagt, weil ihn die Thematik interessiert und weil er weiß, dass dies in seiner Ausbildung thematisiert wird. Martin hat allerdings noch keine Ahnung, wir er vorgehen soll. Er muss sich zunächst grundlegend informieren, bevor er sich an die Arbeit macht.

Zur Einkommensteuererklärung seines Onkels hat Martin folgende Angaben:

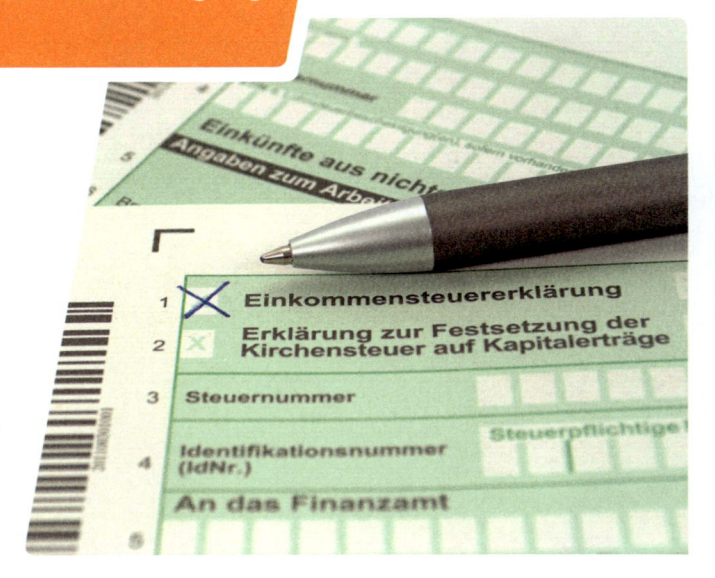

Herr Thomas Fischer (geb. am 23.07.1971) ist angestellter Leiter eines Nachhilfeinstituts in Neustadt am Rübenberge. Er hat Biologie und Deutsch auf Gymnasiallehramt studiert. Thomas Fischer erzielte Einnahmen aus der Tätigkeit in Höhe von 34.506,00 €. Hiervon behielt der Arbeitgeber folgende Beträge ein:

Lohnsteuer	5.167,00 €
Solidaritätszuschlag	284,18 €
Rentenversicherungsbeiträge Arbeitnehmeranteil	3.260,82 €
Arbeitslosenversicherungsbeitrag	517,59 €
Krankenversicherungsbeiträge Arbeitnehmeranteil	2.829,49 €
Pflegeversicherungsbeiträge Arbeitnehmeranteil	439,95 €

Kirchensteuer wurde nicht einbehalten, da Herr Fischer keiner Kirche angehört. Zusätzlich wurden vom Arbeitgeber Rentenversicherungsbeiträge in Höhe von 3.260,82 € gezahlt.

Sein Onkel sagte Martin, dass er auch **Werbungskosten** geltend machen möchte. Schließlich fuhr er z. B. mit seinem Auto (Kennzeichen H-TF-260) im Jahr 20.. an 186 Tagen von seiner Wohnung in der Steinmetzstraße 7 in 30163 Hannover zu seiner ersten Tätigkeitsstätte in der Leinstr. 5, 31535 Neustadt. Pro Tag sind das 58 km, da Herr Fischer hin- und zurückfährt.

Bereits seit seinem Studium ist Herr Fischer treues Mitglied des Philologenverbandes (ein Berufsverband) und zahlt dafür monatlich einen Beitrag von 17,86 €.

Für seinen Nachhilfeunterricht musste Herr Fischer im letzten Jahr neue Fachbücher im Wert von 280,00 € anschaffen. Er kaufte sich außerdem eine schöne neue Aktentasche aus Leder für 384,00 €.

Ein Drucker für 278,00 € wurde von Herrn Fischer ebenfalls angeschafft. Diesen nutzt er ausschließlich beruflich.

Kontoführungsgebühren für sein Gehaltskonto bei der PSD Bank Braunschweig (IBAN: DE90 2709 0900 0031 8875 05, BIC: GENODEF1P02) sind pauschal in Höhe von 16,00 € abzusetzen.

Herr Fischer spendet jeden Monat 25,00 € an das Deutsche Rote Kreuz und setzt diese bei der Steuererklärung als Sonderausgaben an. Neben den oben genannten Versicherungsausgaben für die Sozialversicherungen möchte Herr Fischer folgende Beiträge als **Sonderausgaben** absetzen:

Haftpflichtversicherung	43,36 €
Kfz-Versicherung	400,36 €

(Davon entfallen 240,12 € auf die Teilkaskoversicherung und 160,24 € auf die Haftpflichtversicherung.)

Ferner zahlt er seinem einkommens- und vermögenslosen Vater einen monatlichen Unterhalt in Höhe von 250,00 €.

Außerdem meint Herr Fischer, dass er gehört habe, er könne auch Krankheitskosten in der Einkommensteuererklärung als sogenannte **außergewöhnliche Belastungen** geltend machen. 20.. zahlte er für Zahnersatz 3.500,00 €, die nicht von der Krankenkasse erstattet wurden.

Informationen zum Lösen der folgenden Handlungsaufgaben finden Sie in Ihrem Lehrbuch „Groß im Handel, 2. Ausbildungsjahr" im Lernfeld 5, Kapitel 7 (Wir stellen einen Antrag auf Einkommensteuerveranlagung).

HANDLUNGSAUFGABEN

1. Geben Sie an, wie Martin vorgehen sollte, um die Einkommensteuererklärung für seinen Onkel zu erstellen.

2. Um sich einen Überblick zu verschaffen, müssen zunächst einmal wichtige Begrifflichkeiten zur Einkommensteuer geklärt werden. **Beantworten Sie mithilfe Ihres Lehrbuches „Groß im Handel", die folgenden Fragen kurz.**

a) Wer unterliegt der Einkommensteuer?

b) Was versteht man unter Lohnsteuer?

c) „Die Einkommensteuer ist eine Personensteuer." **Was versteht man unter dem Begriff „Personensteuer"?**

LERNFELD 5

PERSONALWIRTSCHAFTLICHE AUFGABEN WAHRNEHMEN

d) Nennen Sie die Einkunftsarten des § 2 EStG und geben Sie jeweils ein Beispiel an.

e) Geben Sie an, wie das zu versteuernde Einkommen eines Arbeitnehmers ermittelt wird.

3. Erläutern Sie mithilfe Ihres Lehrbuches den Begriff „Werbungskosten".

WIR STELLEN EINEN ANTRAG AUF EINKOMMENSTEUERVERANLAGUNG

4. Geben Sie mithilfe Ihres Lehrbuches an, wie hoch die Werbungskosten eines Arbeitnehmers bei den Einkünften aus nicht selbstständiger Arbeit auf jeden Fall sind.

5. Schauen Sie in die Handlungssituation. Geben Sie an, in welcher Höhe der Onkel von Martin Solms die angefallenen Kosten als Werbungskosten bei den Einkünften aus nicht selbstständiger Arbeit im Rahmen seiner Einkommensteuererklärung geltend machen kann.

Nutzen Sie für die Wege zwischen Wohnung und erster Tätigkeitsstätte folgenden Gesetzesauszug aus dem EStG:

> **§ 9 EStG Werbungskosten**
>
> (1) Werbungskosten sind Aufwendungen zur Erwerbung, Sicherung und Erhaltung der Einnahmen. Sie sind bei der Einkunftsart abzuziehen, bei der sie erwachsen sind. Werbungskosten sind auch
>
> ....
>
> 4. Aufwendungen des Arbeitnehmers für die Wege zwischen Wohnung und erster Tätigkeitsstätte im Sinne des Absatzes 4. Zur Abgeltung dieser Aufwendungen ist für jeden Arbeitstag, an dem der Arbeitnehmer die erste Tätigkeitsstätte aufsucht, eine Entfernungspauschale für jeden vollen Kilometer der Entfernung zwischen Wohnung und erster Tätigkeitsstätte von 0,30 Euro anzusetzen, höchstens jedoch 4.500 Euro im Kalenderjahr; ein höherer Betrag als 4.500 Euro ist anzusetzen, soweit der Arbeitnehmer einen eigenen oder ihm zur Nutzung überlassenen Kraftwagen benutzt. (...)

LERNFELD 5

PERSONALWIRTSCHAFTLICHE AUFGABEN WAHRNEHMEN

6. Ermitteln Sie nun die Einkünfte aus nicht selbstständiger Arbeit von Martins Onkel.

7. Erläutern Sie mithilfe Ihres Lehrbuches den Begriff „Sonderausgaben" mit eigenen Worten und geben Sie einige Beispiele.

8. Schauen Sie in die Handlungssituation. Führen Sie auf, welche Kosten der Onkel von Martin Solms als Sonderausgaben im Rahmen seiner Einkommensteuererklärung angeben kann.

9. Erläutern Sie mithilfe Ihres Lehrbuches den Begriff „Außergewöhnliche Belastungen" mit eigenen Worten und geben Sie einige Beispiele.

LERNFELD 5

PERSONALWIRTSCHAFTLICHE AUFGABEN WAHRNEHMEN

10. Schauen Sie in die Handlungssituation. Führen Sie auf, welche Kosten der Onkel von Martin Solms als außergewöhnliche Belastungen im Rahmen seiner Einkommensteuererklärung angeben kann.

VERTIEFUNGS- UND ANWENDUNGSAUFGABEN

1. Geben Sie bei den folgenden Fällen die Einkunftsart an, die erzielt wird.

    a) Ebru ist 67 Jahre alt und erhält eine monatliche Rente aus der gesetzlichen Rentenversicherung.

    b) Louis gehören zwei Eigentumswohnungen in Hildesheim, welche er zu Wohnzwecken vermietet.

    c) Juri betreibt in Berlin einen Einzelhandelsladen mit gebrauchten Elektrogeräten.

    d) Frederik hat studiert. Er ist nunmehr als niedergelassener Rechtsanwalt in Göttingen tätig.

    e) Maik hat sein Leben lang als Beamter bei der Berufsfeuerwehr gearbeitet. Nun erhält er vom Staat eine monatliche Pension.

    f) Stefanie ist seit Beginn des Jahres mit einem eigenen Frisörsalon in Kassel selbstständig.

WIR STELLEN EINEN ANTRAG AUF EINKOMMENSTEUERVERANLAGUNG

g) Urs betreibt einen Bauernhof. Er bewirtschaftet 30 ha Land und züchtet auch ein paar Schweine.

h) Die Bank schreibt Olga am Ende des Jahres Zinsen auf ihrem Konto gut.

i) Timo ist als Winzer in Trier tätig.

j) Wiebke hat Medizin studiert. Seit zwei Monaten arbeitet sie als Ärztin im Praktikum auf Angestelltenbasis im Cottbuser Krankenhaus.

k) Gabi arbeitet als Beamtin bei der Bundesnetzagentur in Bonn.

2. Kreuzen Sie an, ob es sich bei den folgenden Aufwendungen um Werbungskosten, Sonderausgaben, außergewöhnliche Belastungen oder Kosten der privaten Lebensführung handelt.

	Sachverhalt	Werbungs-kosten	Sonderaus-gaben	Außerge-wöhnliche Belastungen	Kosten der privaten Le-bensführung
1	Kosten für die gesetzliche Krankenversicherung				
2	Kauf einer Busfahrkarte, um zur Arbeit zu fahren				
3	Aufwendungen für die Betreuung der 8-jährigen Tochter				
4	Beitrag eines VW-Mitarbeiters an die IG-Metall				
5	Zahlung der Kirchensteuer vom Arbeitslohn				
6	Kosten für die Uniform eines Polizeibeamten				
7	Kosten für den Anzug eines Bankangestellten				
8	Zuzahlung zu einer Brille				
9	Beiträge zu einer Hausratversicherung				
10	Spende an das Deutsche Rote Kreuz				

LERNFELD 5 PERSONALWIRTSCHAFTLICHE AUFGABEN WAHRNEHMEN

3. Ermitteln Sie mithilfe Ihres Lehrbuches das zu versteuernde Einkommen bei einem Arbeitnehmer, der einen Bruttoarbeitslohn von 37.800,00 € erzielt. Weitere Einkünfte erzielt er nicht und da er erst 39 Jahre alt ist, erhält er auch keinen Altersentlastungsbetrag. Für die Wege zwischen Wohnung und erster Tätigkeitsstätte hat er abzugsfähige Aufwendungen von 890,00 €. Er macht außerdem weitere Werbungskosten in Höhe von 720,00 € geltend und hat abzugsfähige Sonderausgaben in Höhe 3.766,00 €. An außergewöhnlichen Belastungen fallen 1.200,00 € an, die sich auch steuerlich in voller Höhe auswirken.

4. Führen Sie die Berechnung aus der vorherigen Aufgabe unter der Annahme durch, dass es keine weiteren Werbungskosten außer den Aufwendungen für Wege zwischen Wohnung und erster Tätigkeitsstätte gab. Alle anderen Angaben bleiben unverändert.

5. Beantworten Sie die folgenden Fragen.

a) Was versteht man unter dem Grundfreibetrag in der Einkommensteuer?

b) Wie hoch ist der Grundfreibetrag im aktuellen Veranlagungszeitraum? Nutzen Sie ggf. das Internet, um zu der richtigen Lösung zu kommen.

c) Was versteht man unter der Proportionalzone im Einkommensteuertarif?

d) Wie hoch ist der Spitzensteueratz?

e) Wie kann es sein, dass manche Steuerpflichtigen einen Einkommensteuersatz von 45 % zahlen müssen?

f) Bis zu welchem Zeitpunkt muss ein Steuerpflichtiger seine Einkommensteuererklärung beim Finanzamt abgeben?

g) Welche Besonderheit gilt bezüglich der Veranlagungsart bei Ehegatten?

h) Geben Sie drei Gründe an, die die Abgabe einer Einkommensteuererklärung lohnend machen.

i) Geben Sie drei Gründe an, wann ein Arbeitnehmer dazu verpflichtet ist, eine Einkommensteuererklärung abzugeben.

---

6. Gehen Sie auf die Homepage www.ofd.niedersachsen.de und finden Sie im Menü „Aktuelles & Service" die Steuervordrucke. Wählen Sie im Menü: Einkommensteuer | 20.. | Anlage N und erstellen Sie die Anlage N zur Einkommensteuererklärung 2013 für Martins Onkel. Drucken Sie die fertige Anlage N aus.

Verwenden Sie folgende zusätzliche Angaben: Die Steuernummer von Herrn Fischer bei dem zuständigen Finanzamt Hannover-Mitte ist die 23/027/23561. Die steuerliche Identifikationsnummer ist die 73 203 548 198 und die eTIN ist laut Lohnsteuerbescheinigung FYRETHMS71G23Q.

7. Gehen Sie auf die Homepage www.ofd.niedersachsen.de und finden Sie im Menü „Aktuelles & Service" die Steuervordrucke. Wählen Sie im Menü: Einkommensteuer | 20.. | ESt1A und erstellen Sie den sogenannten Mantelbogen zur Einkommensteuererklärung 20.. für Martins Onkel. Drucken Sie den fertigen Mantelbogen (ESt1A) aus. Verwenden Sie die Angaben aus der Handlungssituation und der vorherigen Aufgabe.

8. Gehen Sie auf die Homepage www.ofd.niedersachsen.de und finden Sie im Menü „Aktuelles & Service" die Steuervordrucke. Wählen Sie im Menü: Einkommensteuer | 20.. | Anlage Vorsorgeaufwand und erstellen Sie die Anlage Vorsorgeaufwand zur Einkommensteuererklärung 20.. für Martins Onkel. Drucken Sie die fertige Anlage aus.

VERTIEFUNGS- UND ANWENDUNGSAUFGABEN

Zur weiteren Vertiefung der Lerninhalte und Sicherung der Lernergebnisse empfehlen wir die Bearbeitung der Aufgaben und Aktionen im Kapitel 7 (Wir stellen einen Antrag auf Einkommensteuerveranlagung) des Lernfeldes 5 in Ihrem Lehrbuch „Groß im Handel, 2. Ausbildungsjahr".

7 Wir erkennen die Notwendigkeit und Grenzen der sozialen Sicherung

HANDLUNGSSITUATION

Thomas Zimmermann ist derzeit in der Personalsachbearbeitung eingesetzt und möchte auch in seiner ersten Woche schon verantwortungsvolle Aufgaben wahrnehmen. Seine Chefin, Frau Lutzke, traut ihm dies zu und beauftragt ihn damit, die folgende Anfrage von Frau Bäthe, einer neuen Arbeitnehmerin der Spindler KG, zu bearbeiten. Die Anfrage ist beim Praktikanten Tim Dressler eingegangen. Er konnte keine Auskunft geben und hat sich daher folgende Notizen gemacht:

Spindler KG

NAME: TDR   TEL.:   ....

BETREFF: Anfrage Lohnabrechnung Bäthe

- Frau Bäthe ist gelernte Großhandelskauffrau, wurde zum 01.06.20XX neu bei der Spindler KG eingestellt und hat bis vor einiger Zeit bei einem Konkurrenzunternehmen gearbeitet. Frau Bäthe erhielt keine monatlichen Gehaltsabrechnungen, sondern lediglich einmal jährlich eine Abrechnung und eine Lohnsteuerbescheinigung. Daher versteht Frau Bäthe die Abrechnung nicht.

- Frau Bäthe möchte gerne ihre Lohnabrechnung erläutert haben und erwartet diesbezüglich unseren Rückruf.

- Sie versteht nicht, welche Beträge von ihrem Lohn abgezogen werden und warum dies geschieht. Sie kann mit den Abkürzungen „AV, RV, KV, PV" nichts anfangen. Außerdem kann sie die einbehaltenen Beträge nicht nachvollziehen und bittet daher um Aufklärung.

- Frau Bäthe geht davon aus, dass es sich um Pflichtversicherungen handelt, und sie würde auch gerne wissen, welche Leistungen sie für ihre Beiträge erwarten kann.

Die Gehaltsabrechnung von Frau Bäthe für Juli 20.. hat Thomas schon herausgesucht.

LERNFELD 5 PERSONALWIRTSCHAFTLICHE AUFGABEN WAHRNEHMEN

Lohn-/Gehaltsabrechung 20..

Monat:	**Juli**
Name:	**Melanie Bäthe**
Strasse:	**Jordanstraße 12**
PLZ/Ort:	**30173 Hannover**
Datum:	**03.01.20..**

Firmenadresse/-stempel
Spindler KG
Goseriede 41
30159 Hannover

Steuerklasse	1	Geburtsdatum	23.7.1984
Kinder (lt. Lohnsteuerkarte)	0	Eintrittsdatum	01.06.20..
Zusatzbeitrag zur Krankenversicherung	0,9 %		– €
			RV-pflichtig
Krankenversicherung	14,60 %		AV-pflichtig
		Krankheitstage	0
(Jahres)Lohnsteuerfreibetrag	€ 0,00	Urlaubstage	0
(Jahres)hinzurechnungsbetrag	€ 0,00	Resturlaub	15

Steuerpflichtiges Brutto

	Stunden	Stundenlohn		
Gehalt	160,0	11,80 €	=	1.888,00 €
Erschwerniszulage				– €
				– €
	Stunden	Zuschlag/Std.		
Überstunden	0,00	0,00 €		– €
Spätarbeit	0,00	0,00 €		– €
Urlaubsgeld				– €
Prämie				– €
Dienstwagen 1%				– €
Dienstwagen, Weg zur Arbeit				– €
Steuer-Brutto				**1.888,00 €**
Bruttoarbeitsentgelt (ohne geldwerte Vorteile)				**1.888,00 €**

Abzüge Arbeitnehmeranteil

Lohnsteuer	181,66 €
0 % Kirchensteuer	– €
Solidaritätszuschlag	9,99 €
7,3 % KV-Beitrag	137,82 €
0,9 % Zusatzbeitrag KV	16,99 €
1,5 % Arbeitslosenversicherung	28,32 €
9,35 % Rentenversicherung	176,53 €
1,175 % Pflegeversicherung	22,18 €
Vorschuss	– €
Summe Abzüge	**573,49 €**

Steuerfreie Bezüge

Zeitzuschläge	Stunden	Zuschlag/Std.	
Stunden Nachtschicht	0,00	0,00 €	– €
Stunden Sonntage	0,00	0,00 €	– €
Stunden Feiertage	0,00	0,00 €	– €
Stunden n. Sonderver.	0,00	0,00 €	– €
Summe Sonn-, Feiertags-, Nachtzuschläge			– €
			– €
Auslagen-Erstattung			– €
Fahrtgeld			– €
			– €
Summe steuerfreie Bezüge			**– €**

Auszahlungsbetrag			**1.314,51 €**

Kumulierte Jahreswerte

Bruttolohn	3.776,00 €	Ges. KV	275,64 €	Einmalzahlungen	0,00 €
Lohnsteuer	363,32 €	KV-ZUSATZ	33,98 €	steuerfreie Bezüge	0,00 €
Kirchensteuer	0,00 €	Ges. RV	353,06 €		
Sol.Zuschlag	19,98 €	Ges. AV	56,64 €		
		Ges. PV	44,36 €	Gesamt-Netto	2.629,02 €

Quelle: www.parmentier.de/steuer/steuer.htm?steuer01.htm; abgerufen am 11.05.2015. Im Lehrbuch stehen noch die Werte für 2014, hier wurden die Werte für 2015 eingefügt.

WIR ERKENNEN DIE NOTWENDIGKEIT UND GRENZEN DER SOZIALEN SICHERUNG

Informationen zum Lösen der folgenden Handlungsaufgaben finden Sie in Ihrem Lehrbuch „Groß im Handel, 2. Ausbildungsjahr" in Kapitel 8 (Wir erkennen die Notwendigkeit und Grenzen der sozialen Sicherung) und (Wir erstellen Entgeltabrechnungen und führen die entsprechenden Buchungen durch) des Lernfeldes 5.

HANDLUNGSAUFGABEN

1. Wie sollte Thomas Zimmermann bei der Bearbeitung der Anfrage von Frau Bäthe vorgehen?

2. Finden Sie mithilfe Ihres Lehrbuches heraus, warum die Sozialversicherungsbeiträge ohne Abschluss eines Versicherungsvertrags einbehalten werden.

3. Klären Sie (bei Bedarf mithilfe der Informationen aus Ihrem Lehrbuch), was die Abkürzungen auf der Gehaltsabrechnung von Frau Bäthe bedeuten und welche weiteren Beträge vom Arbeitslohn von Frau Bäthe einbehalten werden.

4. Welche der in Aufgabe 3 genannten Lohnabzugsbeträge stellen Sozialversicherungsbeiträge dar und welcher Zweig der Sozialversicherung ist nicht auf der Gehaltsabrechnung von Frau Bäthe erwähnt?

5. Die Beiträge werden vom Arbeitgeber einbehalten, der Arbeitnehmer erhält sie somit nicht auf sein Bankkonto. Erläutern Sie, was der Arbeitgeber mit den einbehaltenen Beiträgen macht und wohin sie letztendlich gelangen?

6. Beschreiben Sie die Grundlagen der gesetzlichen Rentenversicherung und übertragen Sie Ihre Ergebnisse in die Übersicht (Handlungsaufgabe 17).

7. Stellen Sie einen Bezug zu der Gehaltsabrechnung von Frau Bäthe her, indem Sie zunächst kurz erläutern, welcher Betrag unter „RV" ausgewiesen ist, und anschließend auch die Berechnung der ausgewiesenen Beiträge schriftlich nachvollziehen.

8. Erläutern Sie den Begriff Beitragsbemessungsgrenze.

9. Beschreiben Sie die Grundlagen der gesetzlichen Krankenversicherung und übertragen Sie Ihre Ergebnisse in die Übersicht (Handlungsaufgabe 17).

LERNFELD 5

PERSONALWIRTSCHAFTLICHE AUFGABEN WAHRNEHMEN

10. Stellen Sie einen Bezug zu der Gehaltsabrechnung von Frau Bäthe her, indem Sie zunächst kurz erläutern, welcher Betrag unter „KV-Beitrag" ausgewiesen ist, und anschließend auch die Berechnung der ausgewiesenen Beiträge schriftlich nachvollziehen.

11. Frau Bäthe hat ebenfalls angefragt, welche Leistungen sie von den Versicherungen erwarten kann. **Arbeiten Sie die Leistungen der gesetzlichen Krankenversicherung mithilfe Ihres Lehrbuches heraus und vervollständigen Sie folgende Tabelle.**

Leistung der gesetzlichen Krankenkasse	Einschränkungen/Zuzahlungen usw.

12. Geben Sie im folgenden Lösungsfeld einen kurzen Überblick über die soziale Pflegeversicherung und übertragen Sie Ihre Ergebnisse in die Übersicht (Handlungsaufgabe 17).

13. Stellen Sie einen Bezug zu der Gehaltsabrechnung von Frau Bäthe her, indem Sie zunächst kurz erläutern, welcher Betrag unter „PV" ausgewiesen ist, und anschließend auch die Berechnung der ausgewiesenen Beiträge schriftlich nachvollziehen.

14. Geben Sie im folgenden Lösungsfeld einen kurzen Überblick über die gesetzliche Arbeitslosenversicherung und übertragen Sie Ihre Ergebnisse in die Übersicht (Handlungsaufgabe 17).

LERNFELD 5

PERSONALWIRTSCHAFTLICHE AUFGABEN WAHRNEHMEN

15. Stellen Sie einen Bezug zu der Gehaltsabrechnung von Frau Bäthe her, indem Sie zunächst kurz erläutern, welcher Betrag unter „AV" ausgewiesen ist, und anschließend auch die Berechnung der ausgewiesenen Beiträge schriftlich nachvollziehen.

16. Machen Sie sich Notizen für das bevorstehende Telefonat mit Frau Bäthe und bereiten Sie sich mit Ihrem Tischnachbarn/Ihrer Tischnachbarin darauf vor, das Gespräch vor der Klasse zu simulieren. Nutzen Sie hierfür auch die erstellte Übersicht aus Handlungsaufgabe 17.

WIR ERKENNEN DIE NOTWENDIGKEIT UND GRENZEN DER SOZIALEN SICHERUNG

17. Vervollständigen Sie den Überblick über die Sozialversicherungen.

Überblick über die Sozialversicherungen (Stand: 2014)

	Renten-versicherung	Kranken-versicherung	Pflege-versicherung	Arbeitslosen-versicherung	Unfall-versicherung
Höhe der Beiträge					
Verteilung Arbeitgeber Arbeitnehmer					
Beitrags-bemessungs-grenze (mtl.)					
Besonder-heiten					

VERTIEFUNGS- UND ANWENDUNGSAUFGABEN

1. Arbeiten Sie aus dem Informationstext des Lehrbuches zum Arbeitslosengeld I die beiden Grundvoraussetzungen für den Bezug von Arbeitslosengeld I heraus.

_____

_____

_____

_____

_____

_____

LERNFELD 5

PERSONALWIRTSCHAFTLICHE AUFGABEN WAHRNEHMEN

2. Sie haben sich im Zuge von Aufgabe 1 bereits mit dem Informationstext zum Arbeitslosengeld I befasst. Erläutern Sie sich gegenseitig mit Ihrem Nachbarn/Ihrer Nachbarin die Regelungen zur Höhe des Arbeitslosengeldes I und zur Dauer der Zahlung.

3. Gehen Sie davon aus, dass Sie in Ihrer persönlichen Situation zum Ende des Monats arbeitslos werden. Berechnen Sie Ihren persönlichen Anspruch auf Arbeitslosengeld I (Höhe und Dauer).

WIR ERKENNEN DIE NOTWENDIGKEIT UND GRENZEN DER SOZIALEN SICHERUNG

4. Geben Sie im folgenden Lösungsfeld einen kurzen Überblick über die gesetzliche Unfallversicherung und übertragen Sie Ihre Ergebnisse in die Übersicht (Handlungsaufgabe 17).

5. Berechnen Sie die Sozialversicherungsbeiträge für einen ledigen, kinderlosen Auszubildenden im zweiten Ausbildungsjahr im Alter von 22 Jahren mit einem monatlichen Bruttogehalt von 660,00 € und geben Sie Auskunft darüber, wie hoch die gesamten Abzüge vom Lohn sind und wie hoch das Nettogehalt ist. Der Zusatzbeitrag zur Krankenkasse beträgt 0,9 %.

Zur weiteren Vertiefung der Lerninhalte und Sicherung der Lernergebnisse empfehlen wir das Bearbeiten der Aufgaben und Aktionen in Kapitel 9 (Wir erstellen Entgeltabrechnungen und führen die entsprechenden Buchungen durch) des Lernfeldes 5 in Ihrem Lehrbuch „Groß im Handel, 2. Ausbildungsjahr".

LERNFELD 5

DEN EINZELHANDELSBETRIEB ERKUNDEN UND PRÄSENTIEREN

8 Wir erkennen Grenzen der sozialen Sicherung und die Notwendigkeit der privaten Altersvorsorge

HANDLUNGSSITUATION

Anja Kruse wurde in die Jugend- und Auszubildendenvertretung der Spindler KG gewählt. Beim ersten Azubi-Stammtisch unter ihrem Vorsitz entsteht folgendes Gespräch:

Thomas: „Anja, kannst du uns vielleicht beim Stammtisch bezüglich der privaten Altersvorsorge ein wenig informieren? Seit ich in der Ausbildung bin, kommt dieses Thema ständig auf."

Martin: „Ja, das geht mir auch so. Meine Eltern, ein Versicherungsmakler und mein Bankberater sind schon an mich herangetreten und haben mir dringend zum Aufbau einer privaten Altersvorsorge geraten. Aber ich weiß gar nicht, ob das überhaupt notwendig ist. Schließlich zahlen wir doch alle in die gesetzliche Rentenversicherung ein. Dadurch kriegen wir doch später eine Rente. Ich weiß zwar nicht, wann das sein wird und was für eine Rente ich dann bekomme, aber auf jeden Fall kriegen wir eine Rente. Das weiß ich!"

Anja: „Das ist wirklich ein interessantes Thema für unseren nächsten Azubi-Stammtisch. Leider kann ich heute dazu auch noch nicht so viel sagen, da ich mich zunächst informieren muss."

Thomas: „Das ist ja kein Problem, Anja. Auf ein paar Wochen kommt es auch nicht an. Aber Martin, um noch einmal auf dich zurückzukommen; ich glaube, dass die private Vorsorge zusätzlich zu den gesetzlichen Rentenversicherungsbeiträgen zu leisten ist, da die gesetzliche Rente vielleicht im Alter nicht ausreicht oder nicht mehr so hoch sein wird. Ich weiß aber nicht, ob ich nicht auch einfach Geld sparen kann oder irgendwann ein Haus kaufen werde. Dann habe ich doch auch irgendwie für das Alter vorgesorgt."

Anja: „Ich werde die offenen Fragen zum nächsten Stammtisch klären und dann können wir über die Alternativen diskutieren."

In den nächsten Tagen besorgt sich Anja bei einem Anbieter Informationsblätter über die beiden am meisten verbreiteten Möglichkeiten der privaten Altersvorsorge.

WIR ERKENNEN GRENZEN DER SOZIALEN SICHERUNG UND DIE NOTWENDIGKEIT DER PRIVATEN ALTERSVORSORGE

Sichern Sie sich jetzt Ihre Riester-Rente

Es ist klar, dass die gesetzliche Rente im Alter nicht ausreichen wird, um die hohen Ansprüche und Lebenskosten zu decken. Um die Versorgungslücke zu schließen, bieten sich Riester-Verträge mit staatlichen Zulagen, Steuervorteilen und Garantien an.

Wer wird gefördert?

Unter anderem haben folgende Personengruppen Anspruch auf die staatliche Förderung im Rahmen der Riester-Rente:

- gesetzlich rentenversicherte Arbeitnehmer und Auszubildende, Arbeitnehmer in Altersteilzeit, Beamte und Mitarbeiter des öffentlichen Dienstes
- Helfer im freiwilligen sozialen und ökologischen Jahr
- Berechtigte für Arbeitslosenhilfe, Arbeitslosen-, Kranken- und Mutterschaftsgeld
- Mütter und Väter in rentenversicherungspflichtigen Kindererziehungszeiten bis 3 Jahre nach der Geburt des Kindes
- pflichtversicherte Selbstständige, Pflichtversicherte in der Altenversicherung der Landwirte
- die Ehepartner von Anspruchsberechtigten

Welche Vorteile bietet die Riester-Rente?

Die wesentlichen Vorteile der Riester-Rente bestehen in den staatlichen Zulagen und der Hartz-IV-Sicherheit im Falle einer anstehenden Pfändung. Alternativ zur Zahlung der Zulagen kann ein Sonderausgabenabzug im Rahmen der Einkommensteuerveranlagung in Anspruch genommen werden.

Riester-Sparer erhalten eine Grundzulage von 154,00 € pro Jahr und zusätzlich eine Kinderzulage von 185,00 €. Für Kinder, die nach dem 01.01.2008 geboren wurden, beträgt die Kinderzulage sogar 300,00 €. Um an die Förderung zu gelangen, müssen Riester-Sparer 4 % ihres sozialversicherungspflichtigen Bruttoeinkommens einzahlen. Die staatlichen Zulagen können gegen die 4 % gerechnet werden, sodass sich der tatsächliche Sparaufwand verringert.

Beispiel:

Ein Riester-Sparer mit 35.000,00 € sozialversicherungspflichtigem Bruttoeinkommen und einem vor dem 01.01.2008 geborenen sowie einem nach dem 01.01.2008 geborenen Kind berechnet seine Beiträge wie folgt:

Erforderliche Beiträge zur Sicherung der vollständigen staatlichen Förderung:

4 % von 35.000,00 € = 1.400,00 €

Staatliche Förderungen:

Grundzulage 154,00 € + Kinderzulage 185,00 € + Kinderzulage 300,00 € = 639,00 €

Erforderlicher eigener Sparbetrag:

1.400,00 € - 639,00 € = 761,00 €

Im Jahr muss der Riester-Sparer im Beispiel also 761,00 € aufbringen, um 1.400,00 € zu sparen. Im Monat wäre das ein Betrag von 63,42 €.

Wer weniger spart als 4 %, erhält die staatliche Förderung anteilig. Der maximale Sparbetrag beträgt 2.100,00 € unabhängig vom Einkommen.

Für alle, die wenig verdienen, ist der Mindestbeitrag auf 60,00 € im Jahr festgesetzt (Sockelbeitrag).

(vgl.: www.vergleich-basisrente.de/riester-rente.html)

Mit der Rürup-Rente sicher in den Lebensabend

Mithilfe der Basisrente, welche weit verbreitet auch als Rürup-Rente bekannt ist, sorgen Sie sicher für den Lebensabend vor und sichern sich schon während der Ansparzeit erhebliche Steuererstattungen.

Die eingezahlten Beiträge können grundsätzlich bis zu 22.172,00 € pro Jahr steuerlich als Sonderausgaben geltend gemacht werden. Bei Ehegatten verdoppelt sich der Betrag. Die Höchstbeträge werden durch Beiträge in die gesetzliche Rentenversicherung und Riester-Renten gemindert.

Allerdings dürfen derzeit leider noch nicht die vollen Beträge die Steuerlast senken. Im Jahr 2015 werden 80 % der eingezahlten Beträge als Sonderausgaben berücksichtigt. Der Prozentsatz steigt bis 2025 jedes Jahr um 2 % an. Ab dem Jahr 2025 kann dann der vollständige Sparbetrag als Sonderausgabe geltend gemacht werden.

Die Einzahlungen erfolgen in der Regel monatlich und gleichmäßig, jedoch haben Sie die Möglichkeit, bei einem vorhandenen Sparvermögen den Beitrag durch Einmalzahlungen beliebig zu erhöhen.

Beispiel 1:

Ein Sparer zahlt in seine Basisrente im Jahr 2015 monatlich 150,00 € ein und leistet im Dezember eine zusätzliche Sonderzahlung in Höhe von 1.000,00 €. Sein durchschnittlicher Steuersatz beträgt 24 %. Weitere Altersvorsorgeaufwendungen wurden nicht geleistet.

Gesamtbeitrag 2015:

150,00 € · 12 + 1.000,00 € = 2.800,00 €

Anteilig als Sonderausgaben zu berücksichtigen:

2.800,00 € · 80 % = 2.240,00 €

Steuerersparnis 2015:

2.240,00 € · 24 % = 537,60 €

Beispiel 2:

Ein Sparer zahlt in seine Basisrente im Jahr 2015 monatlich 450,00 € ein und leistet im Dezember eine zusätzliche Sonderzahlung in Höhe von 7.000,00 €. Sein durchschnittlicher Steuersatz beträgt 35 %. Weitere Altersvorsorgeaufwendungen wurden nicht geleistet.

Gesamtbeitrag 2015:

450,00 € · 12 + 7.000,00 € = 12.400,00 €

Anteilig als Sonderausgaben zu berücksichtigen:

12.400,00 € · 80 % = 9.920,00 €

Steuerersparnis 2015:

9.920,00 € · 35 % = 3.472,00 €

Die Basisrente sollte insbesondere von folgenden Personengruppen abgeschlossen werden:

- Selbstständige, die Beiträge in die gesetzliche Rentenversicherung oder in ein Versorgungswerk einbezahlen (z. B. Handwerker, Ärzte, Rechtsanwälte usw.).
- Selbstständige ohne Beiträge in die gesetzliche Rentenversicherung oder ein Versorgungswerk, bei denen die Höchstbeträge in der alten Sonderausgabenregelung noch nicht ausgeschöpft sind. Ansonsten sind hohe Einzahlungsbeträge in die Rürup-Rente empfehlenswert.
- Ledige Arbeitnehmer mit einem Monatsbruttoeinkommen über 2.000,00 €.
- Verheiratete Arbeitnehmer mit einem gemeinsamen Monatsbruttoeinkommen über 4.000,00 €.

WIR ERKENNEN GRENZEN DER SOZIALEN SICHERUNG UND DIE NOTWENDIGKEIT DER PRIVATEN ALTERSVORSORGE

HANDLUNGSAUFGABEN

1. Welche Fragen muss Anja klären, um die Auszubildenden beim nächsten Azubi-Stammtisch umfassend zu informieren?

2. Erläutern Sie mithilfe Ihres Lehrbuches, was unter dem Begriff Generationenvertrag zu verstehen ist.

3. Betrachten Sie die beiden folgenden Grafiken. Klären Sie mit Ihrem Nachbarn, was die Grafiken aussagen, und erarbeiten Sie mögliche Bezüge und Probleme, die sich hinsichtlich des Generationenvertrags ergeben können.

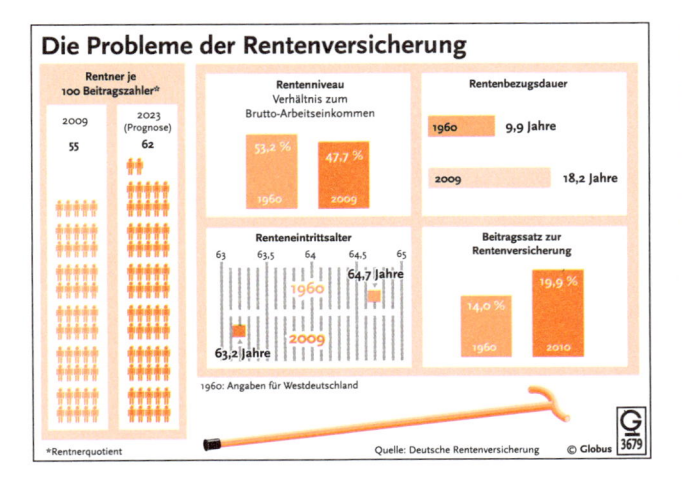

LERNFELD 5

PERSONALWIRTSCHAFTLICHE AUFGABEN WAHRNEHMEN

4. Geben Sie unter Angabe des jeweiligen Renteneintrittsalters an, welche Möglichkeiten des Rentenbezugs für Sie persönlich bestehen.

_____

_____

_____

_____

_____

5. Finden Sie mithilfe des Lehrbuches heraus, welche über die Altersrente hinausgehenden Leistungen Beitragszahler aus der Rentenversicherung erwarten können, und halten Sie Ihre Ergebnisse schriftlich im folgenden Lösungsfeld fest.

_____

_____

_____

_____

_____

_____

_____

_____

_____

_____

_____

_____

_____

_____

_____

_____

WIR ERKENNEN GRENZEN DER SOZIALEN SICHERUNG UND DIE NOTWENDIGKEIT DER PRIVATEN ALTERSVORSORGE

6. Sie haben jetzt viel über die Rentenversicherung und die damit verbundenen Renten gelernt. Überlegen Sie, warum so viele Deutsche trotz der Absicherung durch die gesetzliche Rente noch eine private Rente (z. B. Riester- oder Rürup-Rente) abschließen.

7. Erstellen Sie mithilfe der Informationsblätter eine kurze Gegenüberstellung der beiden beschriebenen Möglichkeiten der privaten Altersvorsorge.

	Riester-Rente	Basisrente (Rürup-Rente)
Begünstigte Personengruppe		
Förderungsform (Art und Höhe)		

LERNFELD 5

PERSONALWIRTSCHAFTLICHE AUFGABEN WAHRNEHMEN

8. Finden Sie mögliche Vorteile, die durch den Abschluss einer privaten Altersvorsorge entstehen können.

9. Finden Sie mögliche Nachteile und Risiken, die eine private Altersvorsorge mit sich bringen kann.

10. Welche Möglichkeiten der privaten Altersvorsorgung fallen Ihnen noch ein?

11. Bereiten Sie das Informationsgespräch von Anja beim nächsten Azubi-Stammtisch vor, indem Sie sich Notizen machen. Orientieren Sie sich dabei an den folgenden Aspekten, die mindestens in dem Gespräch erläutert werden müssen:
- Notwendigkeit und Begründung der privaten Altersvorsorge
- Möglichkeiten der privaten Altersvorsorge
- Aufbau und Funktion der Riester-Rente
- Aufbau und Funktion der Basisrente
- Empfehlung für Auszubildende

LERNFELD 5

PERSONALWIRTSCHAFTLICHE AUFGABEN WAHRNEHMEN

9 Wir erstellen die Gehaltsabrechnung für den neuen Mitarbeiter

HANDLUNGSSITUATION

Frau Schrader wurde als neue Sachbearbeiterin Einkauf Haushaltswäsche in der Filiale Hannover der Spindler KG eingestellt.

Frau Schrader ist 28 Jahre alt, evangelisch, ledig und hat keine Kinder. Laut Arbeitsvertrag wird sie nach dem zurzeit gültigen Gehaltstarifvertrag bezahlt.

Die Personalleiterin der Spindler KG beauftragt Thomas Zimmermann,

- die erste Gehaltsabrechnung für die neue Mitarbeiterin zu erstellen und
- der neuen Mitarbeiterin anschließend die Gehaltsabrechnung in einem persönlichen Gespräch genau zu erläutern.

Nutzen Sie zur Lösung der Handlungsaufgaben die Informationen in Ihrem Lehrbuch „Groß im Handel, 2. Ausbildungsjahr", Lernfeld 5, Kapitel 9 (Wir erstellen Entgeltabrechnungen und führen die entsprechenden Buchungen durch).

HANDLUNGSAUFGABEN

1. Welche Fragen muss Thomas Zimmermann klären, um die geschilderten Aufträge erfüllen zu können?

2. Ermitteln Sie das Bruttomonatsgehalt von Frau Schrader.

3. Stellen Sie fest, welche Gehaltsabzüge Thomas Zimmermann bei der Ermittlung des Nettogehalts von Frau Schrader berücksichtigen muss.

4. Ermitteln Sie die Lohnsteuerklasse von Frau Schrader.

LERNFELD 5

PERSONALWIRTSCHAFTLICHE AUFGABEN WAHRNEHMEN

5. Ermitteln die Lohnsteuer, die Kirchensteuer und den Solidaritätszuschlag, die von Frau Schraders Bruttogehalt abgezogen werden müssen. Nutzen Sie dazu die abgebildete Lohnsteuertabelle.

Allgemeine Monats-Lohnsteuertabelle 2015 Teil West
von 2.268,00 € bis 2282,99 €, Kirchensteuer 9 %

ab €	StK	Steuer	SolZ	KiStr	Kinderfreibetrag 0,5 SolZ	KiStr	1 SolZ	KiStr	1,5 SolZ	KiStr	2 SolZ	KiStr	2,5 SolZ
2.268,00 €													
	I	270,08	14,85	24,30	10,49	17,16	6,38	10,45	–	4,32	–	–	–
	II	239,91	–	–	8,92	14,60	1,69	8,05	–	2,43	–	–	–
	III	68,00	–	6,12	–	1,62	–	–	–	–	–	–	–
	IV	270,06	14,85	24,30	12,64	20,68	10,49	17,16	8,40	13,75	6,36	10,45	–	7,25
	V	517,66	26,47	46,58	–	–	–	–	–	–	–	–	–
	VI	551,00	30,30	49,59	–	–	–	–	–	–	–	–	–
2.271,00 €													
	I	270,83	14,89	24,37	10,52	17,22	6,42	10,50	–	4,37	–	–	–
	II	240,66	–	–	8,96	14,67	1,81	8,10	–	2,48	–	–	–
	III	68,66	–	6,17	–	1,66	–	–	–	–	–	–	–
	IV	270,83	14,89	24,37	12,67	20,74	10,52	17,22	8,44	13,81	6,42	10,50	0,03	7,30
	V	518,83	26,53	46,69	–	–	–	–	–	–	–	–	–
	VI	552,16	30,36	49,69	–	–	–	–	–	–	–	–	–
2.274,00 €													
	I	271,50	14,93	24,43	10,56	17,28	6,45	10,56	–	4,42	–	–	–
	II	241,33	–	–	9,00	14,72	1,93	8,15	–	2,52	–	–	–
	III	69,16	–	6,22	–	1,69	–	–	–	–	–	–	–
	IV	271,50	14,93	24,43	12,71	20,81	10,56	17,28	8,47	13,87	6,45	10,56	0,15	7,35
	V	519,66	28,58	46,76	–	–	–	–	–	–	–	–	–
	VI	553,16	30,42	49,78	–	–	–	–	–	–	–	–	–
2.277,00 €													
	I	272,25	14,97	24,50	10,60	17,35	6,49	10,62	–	4,46	–	–	–
	II	242,08	–	–	9,03	14,78	2,06	8,21	–	2,56	–	–	–
	III	69,66	–	6,26	–	1,73	–	–	–	–	–	–	–
	IV	272,25	14,97	24,50	12,75	20,87	10,60	17,35	8,51	13,93	6,49	10,62	0,28	7,41
	V	520,66	28,63	46,85	–	–	–	–	–	–	–	–	–
	VI	554,16	30,47	49,87	–	–	–	–	–	–	–	–	–
2.280,00 €													
	I	272,91	15,01	24,56	10,64	17,41	6,52	10,67	–	4,51	–	–	–
	II	242,75	–	–	9,07	14,85	2,18	8,27	–	2,61	–	–	–
	III	70,16	–	6,31	–	1,78	–	–	–	–	–	–	–
	IV	272,91	15,01	24,56	12,75	20,93	10,64	17,41	8,55	13,99	6,52	10,67	0,40	7,47
	V	521,66	26,69	46,94	–	–	–	–	–	–	–	–	–
	VI	555,16	30,53	49,96	–	–	–	–	–	–	–	–	–

© www.imacc.de – IMACC Firmen Ratgeber: Lohn, Gehalt, Buchhaltung, Steuer, Recht

6. Ermitteln Sie die Sozialversicherungsabzüge, die von Frau Schraders Gehalt einbehalten werden müssen.

_____
_____
_____
_____
_____
_____
_____

7. Erstellen Sie die Gehaltsabrechnung für Frau Schrader.

Bruttogehalt	
Nettogehalt	

8. Bereiten Sie ein Rollenspiel vor, in dem Sie in der Rolle von Thomas Zimmermann einer Mitschülerin in der Rolle von Frau Schrader die Zusammensetzung der Gehaltsabrechnung genau erläutern.

Notizen:

LERNFELD 5

PERSONALWIRTSCHAFTLICHE AUFGABEN WAHRNEHMEN

VERTIEFUNGS- UND ANWENDUNGSAUFGABEN

1. An welche Stelle muss der Arbeitgeber die Lohn- und die Kirchensteuern sowie die Solidaritätszuschläge seiner Arbeitnehmer überweisen?

2. Bis zu welchem Termin muss der Arbeitgeber die Lohnsteuer-Anmeldung abgeben?

3. An welche Stelle müssen die Sozialversicherungsbeiträge der Arbeitnehmer abgeführt werden?

4. Bis zu welchem Termin muss der Arbeitgeber die monatlichen Sozialversicherungsbeiträge der Arbeitnehmer abführen?

Zur weiteren Vertiefung der Lerninhalte und Sicherung der Lernergebnisse empfehlen wir das Bearbeiten der Aufgaben und Aktionen im Kapitel 9 (Wir erstellen Entgeltabrechnungen und führen die entsprechenden Buchungen durch) des Lernfeldes 5 in Ihrem Lehrbuch „Groß im Handel, 2. Ausbildungsjahr".

10 Wir schützen Daten vor Missbrauch, Verlust oder Beschädigung

HANDLUNGSSITUATION

Die Spindler KG plant die Gründung eines Internetversandhauses als neues Tochterunternehmen.

Thomas Zimmermann soll nach seiner Ausbildung von der Spindler KG übernommen werden. Da man davon ausgeht, dass er sich für Informatik interessiert und er sich zudem in seiner Berufsausbildung überdurchschnittliche EDV-Kenntnisse angeeignet hat, wird er schon in das Projektteam für das neu zu gründende Unternehmen aufgenommen. Man plant, ihm später die Funktion des betrieblichen Datenschutzbeauftragten zu übertragen.

Zusammen mit anderen Kollegen aus der EDV-Abteilung der Zentrale wird er auf ein Fortbildungsseminar mit Datenschutzbeauftragten anderer Unternehmen geschickt. Dort gibt sein Vorgesetzter einen Überblick über die Lage in der Spindler KG, um mit den anderen Teilnehmern die Datenschutzproblematik zu diskutieren:

Die Spindler KG setzt hundertprozentig auf die Vorteile der Datenverarbeitung: Seit Kurzem ist jede Niederlassung komplett mit Datenkassen ausgestattet, die in ein komplettes Warenwirtschaftssystem eingebunden sind. Der Kunde kann auf jede Art elektronisch zahlen. Für ein zielgerichtetes Marketing werden Kundendaten systematisch gesammelt. Eingeführt wird momentan ein EDV-gestütztes Personalinformationssystem.

Informationen zum Lösen der folgenden Handlungsaufgaben finden Sie im Lehrbuch „Groß im Handel, 2. Ausbildungsjahr" in den Kapiteln 10 (Wir arbeiten mit Software im Personalbereich) und 11 (Wir schützen Daten vor Missbrauch, Verlust oder Beschädigung) des Lernfeldes 5.

HANDLUNGSAUFGABEN

1. Der Betriebsrat der Spindler KG erreicht in Verhandlungen mit der Geschäftsleitung, dass bei der Einführung des Personalinformationssystems statt der vorgesehenen 31 Schlüssel für das Feld „Austrittsgrund" nur sieben realisiert werden.

   a) Erklären Sie, was ein Personalinformationssystem ist.

LERNFELD 5

PERSONALWIRTSCHAFTLICHE AUFGABEN WAHRNEHMEN

b) **Verdeutlichen Sie, welche Interessen die Geschäftsleitung mit der detaillierten Auflistung verfolgt. Geben Sie die Gegenargumentation des Betriebsrats wieder.**

Argumente für Personalinformationssysteme	Argumente gegen Personalinformationssysteme
Unternehmensleitung	Betriebsrat

2. Ein Kollege aus einem Industrieunternehmen fragt, welche möglichen Gefahren für die Persönlichkeitsrechte des Verkaufspersonals und die Kunden bestehen könnten.

   Führen Sie mögliche Risiken auf.

3. Beim Mittagessen diskutieren Thomas Zimmermann und seine Kollegen, wie man sich privat gegen den Missbrauch seiner persönlichen Daten schützen kann.

   Zeigen Sie Beispiele für den privaten Datenschutz auf.

ERWEITERUNG DER HANDLUNGSSITUATION

Um sich weiter in die Datenschutzproblematik einzuarbeiten, informiert sich Thomas Zimmermann nach der Fortbildung in der Zentrale bei seinen Kollegen in der EDV-Abteilung.

4. Überlegen und entscheiden Sie, aus welchen Informationsquellen Informationen über den Datenschutz gewonnen werden können.

5. Erläutern Sie

a) den Zweck des Datenschutzes,

b) den Begriff personenbezogene Daten,

c) die wichtigsten Formen personenbezogener Daten,

d) die Rechtsquellen, die den Datenschutz regeln,

e) die Hierarchie gesetzlicher Bestimmungen im Datenschutz,

f) die Rolle des Bundesdatenschutzgesetzes,

g) den Unterschied zwischen Daten und Dateien,

h) die Phasen bei der Verarbeitung personenbezogener Daten.

ERWEITERUNG DER HANDLUNGSSITUATION

Der Chef der EDV-Abteilung informiert Thomas auch über die momentane Situation in einer bayerischen Filiale:

„Zwischen der Zentrale der Spindler KG und der Niederlassung findet ein ständiger Datenaustausch statt: Die eigentliche Datenverarbeitung erfolgt in der Zentrale. Neben warenwirtschaftlichen Daten werden in dem Unternehmen vorwiegend Daten über Mitarbeiter, Kunden und Lieferanten verarbeitet.

Die EDV-Abteilung in der Zentrale ist für alle Mitarbeiter der Verwaltung und für das Verkaufspersonal der angeschlossenen Niederlassung jederzeit erreichbar. Seit der Umstellung von der herkömmlichen (manuellen) Datenverarbeitung auf die automatisierte (elektronische) Datenverarbeitung wurden dort keine besonderen zusätzlichen Veränderungen vorgenommen.

Die Speichermedien werden nach Betriebsschluss in einen normalen Aktenschrank abgelegt. Anschließend schließt der Abteilungsleiter die Räume der EDV-Abteilung selbst ab. Duplikate der Datenbestände existieren nicht.

Auf das Datengeheimnis sind ausschließlich die in der EDV-Abteilung tätigen Mitarbeiter verpflichtet worden."

Zur weiteren Einarbeitung in die Thematik soll Thomas Zimmermann einen Bericht zur Datenschutzsituation der Filiale abgeben.

6. Untersuchen Sie anhand der bayerischen Filiale der Spindler KG die folgenden Fragen:

a) Findet das Bundesdatenschutzgesetz überhaupt Anwendung?

b) Dürfen personenbezogene Daten verarbeitet werden?

c) Ist eine Verpflichtung aller Mitarbeiter auf das Datengeheimnis erforderlich?

d) Werden die Benachrichtigungs- und die Auskunftspflicht eingehalten?

e) Welche Konsequenzen ergeben sich aus Bestellung und Aufgaben des betrieblichen Datenschutzbeauftragten für das Unternehmen?

f) Inwieweit werden Maßnahmen gemäß § 6 BDSG getroffen? Sind sie ausreichend?

g) Wenn Sie sich als Kunde der Spindler KG betrachten: Welche Rechte können Sie wahrnehmen?

h) Was bedeutet der Datenschutz für die Mitarbeiter der Spindler KG?

# LERNFELD 5

PERSONALWIRTSCHAFTLICHE AUFGABEN WAHRNEHMEN

VERTIEFUNGS- UND ANWENDUNGSAUFGABEN

1. Ergänzen Sie die folgende Mindmap.

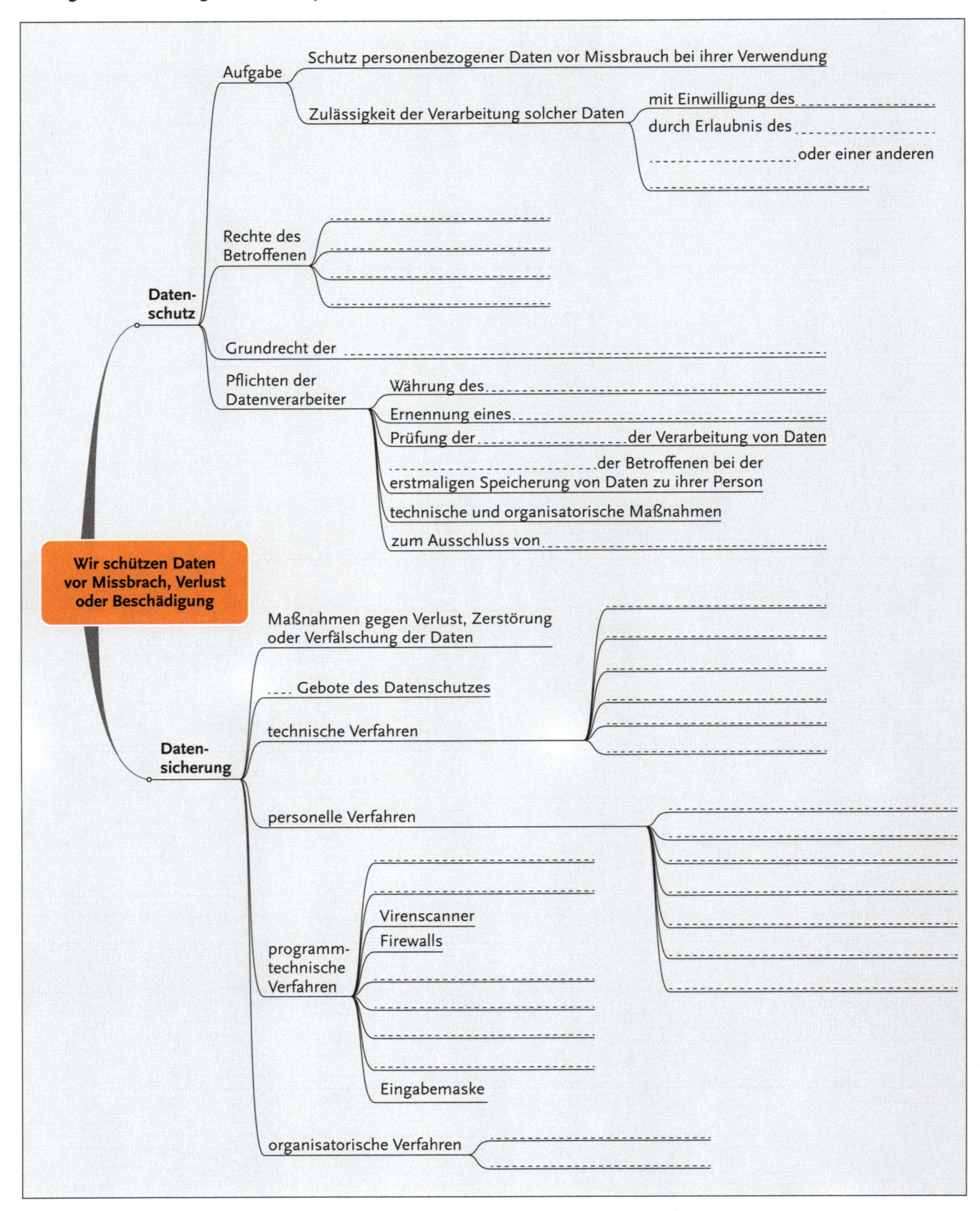

Datenschutz
- Aufgabe
  - Schutz personenbezogener Daten vor Missbrauch bei ihrer Verwendung
  - Zulässigkeit der Verarbeitung solcher Daten
    - mit Einwilligung des _____
    - durch Erlaubnis des _____
    - _____ oder einer anderen _____
- Rechte des Betroffenen
  - _____
  - _____
  - _____
- Grundrecht der _____
- Pflichten der Datenverarbeiter
  - Währung des _____
  - Ernennung eines _____
  - Prüfung der _____ der Verarbeitung von Daten
  - _____ der Betroffenen bei der erstmaligen Speicherung von Daten zu ihrer Person
  - technische und organisatorische Maßnahmen
  - zum Ausschluss von _____

Wir schützen Daten vor Missbrach, Verlust oder Beschädigung

Datensicherung
- Maßnahmen gegen Verlust, Zerstörung oder Verfälschung der Daten
  - _____
  - _____
  - _____
- _____ Gebote des Datenschutzes
  - _____
  - _____
- technische Verfahren
- personelle Verfahren
  - _____
  - _____
  - _____
  - _____
  - _____
- programmtechnische Verfahren
  - Virenscanner
  - Firewalls
  - _____
  - _____
  - _____
  - _____
  - Eingabemaske
- organisatorische Verfahren
  - _____
  - _____

WIR SCHÜTZEN DATEN VOR MISSBRAUCH, VERLUST UND BESCHÄDIGUNG

2. In diesem Suchrätsel sind 15 Wörter versteckt.

K	B	W	E	G	P	J	N	X	O	Y	T	K	A	T	F	R	I	S	T	L	O	S	O	L
B	B	J	K	J	Q	E	L	E	Z	H	B	U	U	S	D	G	U	W	Z	H	M	D	X	X
Q	U	A	L	I	F	I	Z	I	E	R	T	N	S	W	R	O	K	V	S	X	D	A	U	R
X	V	U	U	S	M	T	O	E	I	M	X	W	K	J	E	Z	N	Z	L	U	I	T	C	W
P	W	V	T	C	Y	B	V	F	H	B	X	Z	U	G	I	O	I	F	F	D	P	E	P	E
W	C	F	Q	H	L	H	V	H	S	Z	K	U	N	U	P	J	P	R	P	B	V	N	B	I
D	I	L	W	W	B	X	G	P	B	U	A	F	D	R	G	V	F	F	N	Q	S	P	N
C	Y	J	J	E	B	X	M	K	E	Y	G	O	T	B	V	M	O	J	D	T	F	I	B	F
F	I	L	T	R	D	L	V	O	R	T	H	B	S	Q	N	R	J	Q	E	X	J	C	E	A
V	E	M	A	B	T	V	H	K	R	N	A	R	R	Z	C	U	B	Z	Z	R	R	H	T	C
E	D	A	T	E	N	S	C	H	U	T	Z	B	E	A	U	F	T	R	A	G	T	E	R	H
E	Z	S	X	H	D	D	H	A	N	I	X	G	C	S	V	C	V	V	F	C	Q	R	I	B
Q	M	Y	F	I	H	P	G	I	G	C	A	Y	H	T	L	L	L	W	K	S	J	U	E	K
G	F	B	U	N	V	I	K	Z	S	S	M	V	T	I	D	X	N	U	P	I	Z	N	B	J
H	F	U	X	D	C	X	Q	X	R	T	I	N	V	D	U	L	O	B	B	V	Z	G	S	A
R	Y	D	J	E	M	X	E	V	E	Q	F	B	X	M	R	B	A	Y	F	X	L	E	R	H
T	W	G	J	R	W	W	K	P	C	E	Y	G	A	I	P	J	Q	T	S	E	B	G	A	F
Z	E	R	X	T	H	G	U	T	H	K	E	O	D	H	W	R	M	O	G	A	G	Y	T	B
W	C	S	G	E	X	B	P	M	T	W	L	V	V	B	P	N	U	L	Z	D	R	S	T	M
Z	W	E	R	H	W	T	P	E	R	S	O	N	E	N	B	E	Z	O	G	E	N	E	K	C
Q	C	R	I	C	Q	O	P	V	Y	F	D	S	V	I	W	U	J	P	J	N	M	P	U	I
G	A	B	M	A	H	N	U	N	G	W	G	E	E	G	E	N	Z	K	H	R	G	S	I	B
Y	H	R	Z	J	J	L	O	R	D	E	N	T	L	I	C	H	S	G	W	U	M	D	F	G
Z	A	I	S	H	W	E	H	R	P	F	L	I	C	H	T	I	G	E	I	D	I	M	Y	B
T	B	U	N	D	E	S	D	A	T	E	N	S	C	H	U	T	Z	G	E	S	E	T	Z	B

Die Wörter bedeuten:

1. Muss in Unternehmen, in denen mindestens fünf Personen mit der Verarbeitung personenbezogener Daten beschäftigt sind, eingesetzt werden: _____

2. Rechtsgrundlage für den Datenschutz: _____

3. Für sie gilt ein besonderer Kündigungsschutz: _____

4. Solche Daten unterliegen dem Datenschutz: _____

5. Für sie gilt ein besonderer Kündigungsschutz: _____

LERNFELD 5

PERSONALWIRTSCHAFTLICHE AUFGABEN WAHRNEHMEN

6 Datenschutzrecht eines Betroffenen: _____

7 Recht eines Betroffenen, sich mit einer Anfrage über die zu seiner Person bei einer Daten verarbeitenden Stelle gespeicherten Daten informieren zu dürfen:

_____

8 Schutz der Daten vor Gefahren: _____

9 Eigenschaft eines Zeugnisses, wonach auch Aussagen über Führung und Leistung eines Arbeitnehmers gemacht werden:

_____

10 Muss vor einer Kündigung gehört werden: _____

11 So wird eine Kündigung genannt, wenn bestimmte Kündigungsfristen eingehalten werden:

_____

12 Verwarnung, wenn ein Arbeitnehmer mehrfach seine Pflichten verletzt hat:

_____

13 So ist eine außerordentliche Kündigung: _____

14 So ist ein Zeugnis, wenn es nur Art und Dauer einer Beschäftigung bescheinigt:

_____

15 Innerhalb so vieler Wochen kann gegen eine Kündigung Klage beim Arbeitsgericht erhoben werden:

_____

Zur weiteren Vertiefung der Lerninhalte und Sicherung der Lernergebnisse empfehlen wir die Bearbeitung der Aufgaben und Aktionen in den Kapiteln 10 (Wir arbeiten mit Software im Personalbereich) und 11 (Wir schützen Daten vor Missbrauch, Verlust oder Beschädigung) des Lernfeldes 5 Ihres Lehrbuches „Groß im Handel, 2. Ausbildungsjahr".

11 Wir kündigen Mitarbeitern aus betrieblichen Gründen

HANDLUNGSSITUATION

In der Filiale Hannover der Spindler KG sind die Umsätze stark zurückgegangen. Die Geschäftsleitung beschließt deshalb, das Sortiment zu verkleinern. Aufgrund dieser Maßnahmen verringert sich auch der Personalbedarf in der Einkaufsabteilung (Inland) und der Verkaufsabteilung von bisher sieben auf vier Personen. Die Geschäftsleitung entschließt sich daher, drei der folgenden Sachbearbeiterinnen und Sachbearbeiter, die in der Einkaufsabteilung beschäftigt sind, am 01.06.20.. zu kündigen:

- Frau Michaela Besten, 22 Jahre alt, 2 Jahre im Betrieb, verheiratet, keine Kinder
- Herr Jürgen Prinzke, 39 Jahre alt, 7 Jahre im Betrieb, verheiratet, 1 schulpflichtiges Kind
- Frau Claudia Matz, 30 Jahre alt, 10 Jahre im Betrieb, alleinerziehend, 1 Kind, im 3. Monat schwanger
- Herr Paul Esser, 30 Jahre alt, 7 Jahre im Betrieb, ledig, 2 schulpflichtige Kinder, schwerbehindert (Grad der Behinderung 60 %)
- Herr Jochen Kühne, 52 Jahre alt, 17 Jahre im Betrieb, verheiratet, 2 erwachsene Kinder
- Herr Thorsten Vergin, 42 Jahre alt, 5 Jahre im Betrieb, verheiratet, drei schulpflichtige Kinder
- Frau Jutta Bode, 37 Jahre alt, 20 Jahre im Betrieb, verheiratet, zwei Kinder, Mitglied des Betriebsrats
- Herr Frank Höhler, 19 Jahre alt, 5 Monate im Betrieb, ledig, keine Kinder

Der Geschäftsführer der Spindler KG Herr Spindler beauftragt die Personalleiterin Frau Bering, die notwendigen Maßnahmen durchzuführen.

Nutzen Sie zur Lösung der Handlungsaufgaben die Informationen zur Beendigung von Arbeitsverhältnissen in Ihrem Lehrbuch „Groß im Handel, 2. Ausbildungsjahr", Lernfeld 5, Kapitel 12 (Wir wirken bei der Beendigung von Arbeitsverhältnissen mit) und den folgenden Informationstext.

HANDLUNGSAUFGABEN

Betriebsbedingte Kündigung: Punkteschema zur richtigen Sozialauswahl

Von Barbara Reimann (15.08.2012)

Bei betriebsbedingten Kündigungen muss der Arbeitgeber immer eine Sozialauswahl treffen. Er soll den sozial am wenigsten schutzbedürftigen Arbeitnehmer entlassen, also denjenigen, der voraussichtlich am schnellsten wieder einen Job findet und von dessen Einkommen möglichst wenig andere Personen (Ehegatte, Kinder) abhängig sind. [...]

Die Kriterien dieser Sozialauswahl definiert § 1 Abs. 3 des Kündigungsschutzgesetzes (KSchG):

- Dauer der Betriebszugehörigkeit,
- Lebensalter,
- Unterhaltspflichten und
- Schwerbehinderung des Arbeitnehmers.

Bezieht der Arbeitgeber bei der Auswahl des zu kündigenden Arbeitnehmers die vier genannten Kriterien nicht in seinen Vergleich mit ein oder wägt er sie falsch ab, werden die Arbeitsgerichte im Kündigungsschutzprozess die Kündigung des Arbeitnehmers für sozialwidrig und unwirksam erklären. [...]

Der Arbeitgeber muss dem Gericht im Rahmen eines Kündigungsschutzprozesses darlegen, dass er sich bei der Kündigung des Arbeitnehmers XY etwas gedacht hat. Das Mittel, um die Sozialauswahl transparent und für das Gericht nachvollziehbar zu machen, sind **Punkteschemata**. Sie helfen herauszufinden, welche Arbeitnehmer vergleichbar und am wenigsten schutzbedürftig sind. Bei einem **Punkteschema** werden die vier Aspekte, die bei der Sozialauswahl relevant sind, aufgelistet. Jedes Kriterium wird mit einer bestimmten Anzahl von Punkten hinterlegt. Mittels dieses Schemas erhält jeder Arbeitnehmer im Betrieb eine bestimmte Punktezahl. Der Arbeitgeber kann anhand der Ergebnisse eine Rangfolge erstellen. Je höher die Punktezahl, desto sozial geschützter ist der Arbeitnehmer. Je niedriger die Zahl, desto höher die Chancen einer Kündigung. Ein Beispiel für ein solches Schema, das das BAG für zulässig erachtete, ist folgendes:

Kriterium		Punkte
Lebensalter	Für jedes vollendete Jahr nach dem 18. Lebensjahr	1 Punkt
Betriebszugehörigkeit	Für jedes Beschäftigungsjahr	1 Punkt
Unterhaltspflichten	Ehegatte/eingetragener Lebenspartner	2 Punkte
	Unterhaltsberechtigtes, auf der Lohnsteuerkarte eingetragenes Kind	3 Punkte
Schwerbehinderung/Gleichstellung	50 %	5 Punkte
	Je weitere 10 % GdB	1 Punkt

Quelle: Rechthaber.com, München; www.rechthaber.com/betriebsbedingte-kundigung-punkteschemata-zur-richtigen-sozialauswahl/ [aufgerufen am 19.09.2014].

1. Welche Maßnahmen muss die Personalleiterin ergreifen, um den Auftrag von Herrn Spindler zu erfüllen?

2. Stellen Sie fest, ob es der in der Handlungssituation genannte Grund erlaubt, Mitarbeiterinnen oder Mitarbeiter der Einkaufsabteilung und der Verkaufsabteilung zu entlassen.

3. Stellen Sie fest, für welche Mitarbeiterinnen und Mitarbeiter der Einkaufsabteilung ein besonderer Kündigungsschutz gilt.

_____
_____
_____
_____
_____
_____
_____

4. Legen Sie die Kriterien für eine soziale Auswahl fest und gewichten Sie diese Kriterien mit Punkten.

Kriterium	Punkte

5. Führen Sie die Auswahl von drei Beschäftigten der Einkaufsabteilung unter Nutzung der von Ihnen in Aufgabe 4 festgelegten Kriterien und Punkte durch.

Beschäftigte, die in der sozialen Auswahl nicht berücksichtigt werden, weil sie keinen oder einen besonderen Kündigungsschutz genießen:

_____
_____
_____
_____
_____
_____
_____

LERNFELD 5

PERSONALWIRTSCHAFTLICHE AUFGABEN WAHRNEHMEN

Soziale Auswahl unter Nutzung der in Aufgabe 4 festgelegten Kriterien und Punkte:

Kriterien	Frau Besten	Herr Prinzke	Herr Esser	Herr Kühne	Herr Vergin

Beschäftigten, denen gekündigt werden sollte:

6. Ermitteln Sie die Kündigungstermine, zu denen die in Aufgabe 5 ausgewählten Mitarbeiterinnen und Mitarbeiter gekündigt werden können.

7. Erstellen Sie das Kündigungsschreiben für einen der zu kündigenden Mitarbeiterinnen oder Mitarbeiter.

Spindler KG · Goseriede · 30165 Hannover

| Ihr Zeichen, Ihre Nachricht vom | Unser Zeichen, unsere Nachricht vom | Telefon, Name | Datum |

LERNFELD 5

PERSONALWIRTSCHAFTLICHE AUFGABEN WAHRNEHMEN

VERTIEFUNGS- UND ANWENDUNGSAUFGABEN

1. Im Rahmen der geplanten Rationalisierungs- und Kosteneinsparungsmaßnahmen möchte die Spindler KG am 4. Februar 20.. aus betriebsbedingten Gründen dem 37-jährigen Sachbearbeiter Herrn Böhme aus der Verwaltungsabteilung zum nächstmöglichen Termin kündigen. Manfred Böhme ist seit 15 Jahren Mitarbeiter der Spindler KG. Vertraglich bestehen keine besonderen Vereinbarungen hinsichtlich der Kündigung.

An welchem Tag (Tag/Monat/Jahr) würde das Arbeitsverhältnis von Manfred Böhme gemäß den gesetzlichen Bestimmungen des BGB enden?

2. Die Personalleiterin der Spindler KG überprüft in den folgenden Fällen die Kündigungsfristen.

Ermitteln auch Sie, welche Kündigungsfristen jeweils gelten:

a) Maren Glitzer, 28 Jahre, seit einem Jahr im Unternehmen beschäftigt, kündigt am 14. Juli.

b) Dem Lagerarbeiter Florian Menke, 35 Jahre alt, seit 7 Jahren beschäftigt, wird am 6. Juni gekündigt.

c) Boris Recker, 29 Jahre, seit 3 Jahren bei der Spindler KG, erhält aufgrund eines Diebstahls die Kündigung.

d) Jan Witte, 21 Jahre, seit 2 Wochen in der Probezeit, kündigt.

e) Bianca Rieger, 25 Jahre, seit 2 Jahren beschäftigt, will sich verbessern und kündigt am 31. März.

3. Verschiedene Geschäftspartner der Spindler KG müssen Kündigungen vornehmen.

Prüfen Sie, ob in dem jeweiligen Fall die Kündigung sozial gerechtfertigt ist oder nicht.

a) Die Hong Kong Food GmbH begründet die Kündigungen mit einem anhaltenden Auftragsmangel aufgrund der schlechten Wirtschaftslage.

b) Eine Großhandlung, die Waren aus Singapur importiert, hat die folgende Formulierung im Kündigungsschreiben: „Betriebsstillstand wegen eines Brandschadens im Lager."

c) Cordt Wandmacher bekommt die Kündigung der Grothe GmbH wegen „mehrmaliger Verspätung trotz wiederholter Abmahnung".

d) Melanie Peagano weigert sich, bei der Hoffmann KG einen Auftrag auszuführen, und bekommt deshalb die Kündigung.

e) Weil Cornelia Kind schwanger ist, soll sie den Betrieb verlassen.

f) Ein Lagerarbeiter verursacht häufig Fehler wegen mangelnder Sorgfalt.

Zur weiteren Vertiefung der Lerninhalte und Sicherung der Lernergebnisse empfehlen wir das Bearbeiten der Aufgaben und Aktionen im Kapitel 12 (Wir wirken bei der Beendigung von Arbeitsverhältnissen mit) des Lernfeldes 5 in Ihrem Lehrbuch „Groß im Handel, 2. Ausbildungsjahr".

LERNFELD 6

LOGISTISCHE PROZESSE PLANEN, STEUERN UND KONTROLLIEREN

1 Wir erfüllen unter Beachtung allgemeingültiger Lagergrundsätze verschiedene Aufgaben im Lager

HANDLUNGSSITUATION

Anja Kruse und der Lagerleiter Herr Werner sitzen gerade vor dem EDV-gestützten Warenwirtschaftssystem, da stürmt Frau Jonas, Leiterin des Controllings, in den Raum. Diese ist für ihre cholerische und spitzzüngige Art bekannt.

Frau Jonas: „Kriegen Sie mal Ihren Laden in den Griff! Wir haben das Lager unserer kürzlich neu eröffneten Niederlassung in Peine unter die Lupe genommen. Wenn ich die Situation auf den Punkt bringe: Wir brauchen dort kein Lager. Es werden nur Kosten verursacht. Das Lager hat keine Aufgabe …"

Herr Werner: „Nun mal langsam, Frau Jonas. Zunächst einmal geht doch aus Ihrem Bericht, der letzten Monat an die Geschäftsführung ging, sehr deutlich hervor, dass sowohl das Zentrallager als auch die dezentralen Lager an den Standorten gerade im Vergleich zu anderen Abteilungen gut dastehen … Also erfüllen unsere Lager doch ihre Aufgaben! So, und was das neue Lager in Peine betrifft: Wenn da gerade was schiefläuft, da kümmern wir uns natürlich drum. Was haben Sie denn überhaupt beobachtet?"

Frau Jonas: „Ich zitiere mal aus Äußerungen der dort im Lager eingesetzten Personen, die im Bericht meiner Leute festgehalten sind:
- ‚Wir haben nur wenige Regale im Lagergebäude. Diese können die meisten Artikel nicht aufnehmen. Wir müssen die meisten Waren daher auf dem Boden stapeln.' (Person 1)
- ‚Das 2. Lagergebäude befindet sich in der Panzergarage einer ehemaligen Kaserne. Diese ist 220 Meter weit von den Geschäftsräumen und dem ersten Lager entfernt. Da man sehr häufig bei jedem Wetter zwischen den Geschäftsräumen und dem Lager pendeln muss, wird die Ware oft nass … Es gibt auch keine Kühlung für die dort gelagerten Lebensmittel …' (Person 2)
- ‚Wir müssen manchmal nach Warenanlieferungen das gesamte Lager durchsuchen, bis wir die gewünschte Ware gefunden haben.' (Person 3)
- ‚Sebastian Roth stürzte vergangene Woche über einen in einer nicht beleuchteten Ecke abgelegten Karton.' (Person 4)
- ‚Vorgestern konnte Herr Jahren gerade noch einen Brand verhindern: Zwei Pakete hatten durch eine weggeworfene Zigarette begonnen zu brennen.' (Person 5)
- ‚Wir haben zwar Gabelstapler, können diese aber nicht richtig einsetzen: Wir müssen die Ware erst per Hand aus den engen Gängen herausholen und können sie erst dann mit dem Gabelstapler zu den Verkaufsräumen bringen.' (Person 6)
- ‚Von den Wänden des Lagers bröckelt der Putz. Viele Waren sind mit einer dicken Staubschicht bedeckt.' (Person 7)
- ‚Durch eine Sperrholztür kamen Einbrecher ins Lager. Sie traten die Tür einfach auf.' (Person 8)
- ‚Vor 2 Monaten flossen aus mehreren undichten Fässern 200 l Textilfarbe ins Erdreich.' (Person 9)
- ‚Bei den Lebensmitteln lagern wir die zuletzt eingelagerten Artikel wieder aus.' (Person 10)

WIR ERFÜLLEN UNTER BEACHTUNG ALLGEMEINGÜLTIGER LAGERGRUNDSÄTZE VERSCHIEDENE AUFGABEN IM LAGER

Informationen zum Lösen der folgenden Handlungsaufgaben finden Sie im Lehrbuch „Groß im Handel, 2. Ausbildungsjahr" in den Kapiteln 1 (Wir erfüllen im Lager verschiedene Aufgaben) und 2 (Wir beachten allgemeingültige Grundsätze bei der Arbeit im Lager) im Lernfeld 6.

HANDLUNGSAUFGABEN

1. Vor welchem Problem steht die Spindler KG?

2. Wir gehen davon aus, dass die Leiterin des Controllings die provokante These aufrechterhält, dass Großhandelsunternehmen kein Lager benötigen.

a) Stellen Sie als Gegenargument die Aufgaben des Lagers dar.

b) Geben Sie an, wie und in welchem Ausmaß das Lager Ihres Ausbildungsunternehmens die Aufgaben des Lagers erfüllt.

Aufgabe des Lagers	Erläuterung	Situation im Ausbildungsbetrieb

LERNFELD 6

LOGISTISCHE PROZESSE PLANEN, STEUERN UND KONTROLLIEREN

3. Im Großhandel gibt es verschiedene Lagerarten.

Erläutern Sie die folgenden Lagerarten.

Geben Sie an, wie und in welchem Ausmaß diese Lagerarten in Ihrem Ausbildungsbetrieb vorhanden sind.

Lagerart	Erläuterung	Situation im Ausbildungsbetrieb
Vorratslager		
Reservelager		
Zentrales Lager		
Dezentrales Lager		

WIR ERFÜLLEN UNTER BEACHTUNG ALLGEMEINGÜLTIGER LAGERGRUNDSÄTZE VERSCHIEDENE AUFGABEN IM LAGER

4. Herr Werner und Frau Jonas sind sich grundsätzlich einig, dass ein optimales Lager bestimmte Anforderungen erfüllen muss.

Stellen Sie fest, gegen welche Lagergrundsätze verstoßen wurde.

Erläutern Sie diese Lagergrundsätze

Machen Sie Vorschläge, wie die genannten Kritikpunkte behoben werden können.

Geben Sie an, wie und in welchem Ausmaß diese Lagergrundsätze in Ihrem Ausbildungsunternehmen eingehalten werden.

Lagergrundsatz	Erläuterung	Verstoß gegen diesen Grundsatz in der Aussage von Person	Verbesserungsvorschlag	Situation im Ausbildungsbetrieb

LERNFELD 6

LOGISTISCHE PROZESSE PLANEN, STEUERN UND KONTROLLIEREN

VERTIEFUNGS- UND ANWENDUNGSAUFGABEN

1. Lösen Sie das folgende Silbenrätsel.

> BE – BER – BRÜ – CKUNG – DE – E – FOR – FREMD – GE – GER – GER – GER – KÄ – KAUFS – KAUFS – LA – LA – LA – LE – LUNG – MUNG – PFLE – PREIS – RAT – RE – REIT – SCHAFT – SE – SER – TEI – TRAL – Ü – UM – VE – VER – VER – VER – VOR – VOR – ZEN

1. Durch Bereithaltung im Lager wird diese gesichert: _____
2. Mithilfe des Lagers können diese oft ausgenutzt werden: _____
3. Diese Aufgabe des Lagers ermöglicht den zeitlichen Ausgleich zwischen Beschaffung und Absatz: _____
4. zweckmäßige Behandlung der Waren im Lager, um deren Gebrauchsfähigkeit zu erhalten: _____
5. Bei dieser Aufgabe des Lagers finden Umpack-, Sortier- und Mischvorgänge statt: _____
6. Aufgabe des Lagers, die eine qualitative Veränderung der Ware bewirkt: _____
7. dient der schnellen Ergänzung der Bestände: _____
8. Die Ware wird dort aufbewahrt, wo sie dem Kunden angeboten wird: _____
9. Lagerung bei fremden Unternehmen: _____
10. Lagerung der Ware an einem Ort: _____
11. In einem Lager wird Ware auf _____ aufbewahrt.
12. gewinnt häufig an Wert, wenn er sorgsam gelagert wird: _____

Zur weiteren Vertiefung der Lerninhalte und Sicherung der Lernergebnisse empfehlen wir das Bearbeiten der Aufgaben und Aktionen in den Kapiteln 1 (Wir erfüllen im Lager verschiedene Aufgaben) und 2 (Wir beachten allgemeingültige Grundsätze bei der Arbeit im Lager) des Lernfeldes 6 Ihres Lehrbuches „Groß im Handel, 2. Ausbildungsjahr".

2 Wir nähern uns dem optimalen Lagerbestand mithilfe der Bestandskontrolle und der Lagerkennziffern

HANDLUNGSSITUATION

Anja Kruse ist zu Beginn des Jahres im Lager eingesetzt. Sie schaut sich mit Herrn Werner, dem Lagerleiter der Spindler KG, stichprobenartig mithilfe der EDV die Lagersituation zweier Artikel an.

Herr Werner: „Es geht hier im Lager eigentlich immer auch darum, sich dem optimalen Lagerbestand anzunähern!"

Anja Kruse: „Den kann man also nicht genau berechnen?"

Herr Werner: „Nein, um den zu erreichen, verwendet man zwei Hilfsmittel, die Lagerbestandskontrolle und die Lagerkennzahlen."

Anja Kruse: „Das sagt mir momentan noch gar nichts."

Herr Werner: „Ich wollte mir sowieso gerade zwei Artikel angucken."

WIR NÄHERN UNS DEM OPTIMALEN LAGERBESTAND MITHILFE DER BESTANDSKONTROLLE UND DER LAGERKENNZIFFERN

Herr Werner ruft das Warenwirtschaftssystem auf.

Es ermittelt folgende Daten für den Artikel „Jeans Anna Anana": Der Lagerbestand des Artikels beträgt am 1. Januar 3 600 Stück. Jeden Monat werden 800 Stück an Kunden verkauft. Die Spindler KG hält vorsichtshalber einen Sicherheitsbestand, der 6 Wochen reicht. Die Lieferfrist des Herstellers beträgt 8 Wochen.

Aus der Lagerdatei ergibt sich der Verlauf der Ein- und Ausgänge für den Artikel „Cheffe sakko New edition".

Datum	Eingang	Ausgang	Bestand	Monatsendbestände
01.01.			60	
14.01.	45			
27.01.		18		
8.02.		9		
03.03.		30		
09.03.	45			
15.04.		24		
05.05.		9		
27.05.	45			
06.06.		18		
21.07.		24		
15.08.	45			
29.08.		27		
04.09.		22		
29.09.	45			
04.10.		12		
21.10.		34		
09.11.	45			
18.11.		30		
05.12.		15		
17.12.	20			
22.12.		12		
		Jahresabsatz:		

Informationen zum Lösen der folgenden Handlungsaufgaben finden Sie im Lehrbuch „Handeln im Handel, 2. Ausbildungsjahr" in den Kapiteln 3 (Wir versuchen uns im Lager immer dem optimalen Lagerbestand zu nähern), 4 (Wir kontrollieren die Bestände im Lager) und 5 (Wir überprüfen mithilfe von Lagerkennziffern die Wirtschaftlichkeit des Lagers) des Lernfeldes 6.

LERNFELD 6

LOGISTISCHE PROZESSE PLANEN, STEUERN UND KONTROLLIEREN

HANDLUNGSAUFGABEN

1. Vor welchem Problem steht Herr Werner?

2. Erläutern Sie die Bedeutung des optimalen Lagerbestands.

3. Stellen Sie die Nachteile eines zu hohen Lagerbestands denen eines zu niedrigen Lagerbestands gegenüber.

Nachteile	
eines zu hohen Lagerbestands	eines zu niedrigen Lagerbestands

4. Führen Sie im Lager entstehende Kosten auf.

Kosten der Lagerhaltung		
Kosten für die _____	Kosten für die _____	Kosten für die _____

5. Erklären Sie folgende Begriffe:

Mindestbestand	
Meldebestand	
Höchstbestand	
Bestellzeitpunkt	

6. Ermitteln Sie für den Artikel „Jeans Anna Anana"

a) die Höhe des Sicherheitsbestands,

b) die Höhe des Meldebestands

c) und den Bestelltermin.

7. Erklären Sie folgende Begriffe:

durchschnittlicher Lagerbestand	
Umschlagshäufigkeit	
durchschnittliche Lagerdauer	

LERNFELD 6

LOGISTISCHE PROZESSE PLANEN, STEUERN UND KONTROLLIEREN

8. Ermitteln Sie den jeweiligen Bestand des Artikels „Cheffe sakko New edition" am Tag des Warenein- und Warenausgangs und tragen Sie diesen in den oben aufgeführten Auszug aus der Lagerdatei ein.

9. Ermitteln Sie für den Artikel „Cheffe sakko New edition" die folgenden Lagerkennziffern.

   a) Berechnen Sie den durchschnittlichen Lagerbestand auf der Grundlage von Monatsinventuren (aufrunden!).

   b) Ermitteln Sie die Lagerumschlagsgeschwindigkeit.

   c) Stellen Sie durchschnittliche Lagerdauer dieses Artikels fest.

10. Bewerten Sie die ermittelten Ergebnisse der Spindler KG für den Artikel Cheffe sakko New edition im Vergleich mit denen für Sakkos der Branche.

   Branchenwerte:
   – durchschnittlicher Lagerbestand 19 Stück,
   – Lagerumschlagshäufigkeit 9,6.

11. Erläutern Sie Maßnahmen der Spindler KG zur Verbesserung der eigenen betrieblichen Kennzahlen.

VERTIEFUNGS- UND ANWENDUNGSAUFGABEN

1. Die Geschäftsleitung der Spindler KG analysiert die Entwicklung einer Warengruppe in den Filialen Dortmund und Köln. Leider ist nicht aufgefallen, dass durch fehlenden Toner der Ausdruck des Warenwirtschaftssystems unvollständig war.

Dortmund

	2007	2008	2009	2010	2011	2012	2013
Wareneinsatz (€)	90.000	90.000	90.000	90.000	90.000	90.000	90.000
Durchschnittlicher Lagerbestand (€)	45.000	30.000	22.500	15.000	11.250	9.000	6.000
Lagerumschlag (Häufigkeit)							

Köln

	2007	2008	2009	2010	2011	2012	2013
Wareneinsatz (€)	90.000	135.000	180.000	270.000	360.000	450.000	675.000
Durchschnittlicher Lagerbestand (€)	45.000	45.000	45.000	45.000	45.000	45.000	45.000
Lagerumschlag (Häufigkeit)							

a) Ergänzen Sie die Tabellen und berechnen Sie die Lagerumschlagshäufigkeit für die Jahre 2007 bis 2013.

LERNFELD 6

LOGISTISCHE PROZESSE PLANEN, STEUERN UND KONTROLLIEREN

b) Beschreiben Sie die Entwicklung der Lagerumschlagshäufigkeit in beiden Fällen.

c) Erläutern Sie für beide Fälle, wodurch die Änderung der Lagerumschlagsgeschwindigkeit zustande kam.

d) Führen Sie mögliche Maßnahmen auf, mit denen die Filialleitungen in Dortmund und Köln die Veränderungen bewirkt haben können.

Dortmund	Köln

2. Erklären Sie mit eigenen Worten die unten aufgeführten Begriffe.

Kommissionierung	
Warenmanipulation	
feste Lagerplatzzuordnung	
Verbrauchsfolgeverfahren	
artgemäße Lagerung	

WIR NÄHERN UNS DEM OPTIMALEN LAGERBESTAND MITHILFE DER BESTANDSKONTROLLE UND DER LAGERKENNZIFFERN

optimaler Lagerbestand	
Mindestbestand	
Meldebestand	
Höchstbestand	
Bestellzeitpunkt	
durchschnittlicher Lagerbestand	
Umschlagshäufigkeit	
durchschnittliche Lagerdauer	

Zur weiteren Vertiefung der Lerninhalte und Sicherung der Lernergebnisse empfehlen wir das Bearbeiten der Aufgaben und Aktionen in den Kapiteln 3 (Wir versuchen, uns dem optimalen Lagerbestand zu nähern), 4 (Wir kontrollieren die Bestände im Lager) und 5 (Wir überprüfen die Wirtschaftlichkeit des Lagers mit Lagerkennziffern) des Lernfeldes 6 Ihres Lehrbuches „Groß im Handel, 2. Ausbildungsjahr".

LERNFELD 6
LOGISTISCHE PROZESSE PLANEN, STEUERN UND KONTROLLIEREN

3 Wir verwenden die EDV im Lager

HANDLUNGSSITUATION

Herr Werner, der Lagerleiter der Spindler KG, liest in einer Richtlinie des VDI (Verein deutscher Ingenieure), die die Anforderungen an die EDV in Lagern verdeutlicht. Er interessiert sich momentan besonders für die Durchführung der Inventur mit Lagerprogrammen.

---

4 Minimalanforderungen für DV-gestützte Inventurprozesse

4.1 DV-Datenumfang
Ein bestandführendes System muss die Einzelbestände auf der kleinsten verwalteten Einheit (meist Ladeeinheit oder Lagerplatz) kennen. Der (Einzel-)Bestand setzt sich aus der Menge, einer Mengeneinheit, dem Material (meist Materialnummer) und weiteren das Material qualifizierenden Eigenschaften wie z. B. Mandant, Charge, Fertigungsnummer, Farbe, Größe usw. zusammen.
Zu jedem Einzelbestand bzw. Lagerplatz müssen die inventurrelevanten Daten geführt werden (siehe Dokumentation).

4.2 Datensicherheit
Jedes bestandführende System muss durch geeignete Maßnahmen vor dem Verlust von Daten geschützt werden.
Alle Vorgänge (insbesondere Buchungen und Kommunikation über Schnittstellen) müssen transaktionsgeschützt sein. Wenn das System unkontrolliert herunterfährt (Absturz, Unterbrechung der Stromversorgung usw.), dürfen keine Informationen verloren gehen.
Bei einem Verlust von Daten durch ein Ereignis von außen (z. B. Virus, fehlerhafte Bedienung usw.) oder einen Defekt eines Speichermediums müssen geeignete Backup-Systeme vorliegen, die den Stand bis kurz vor dem Ereignis wiederherstellen können.

4.3 Zugriffsberechtigungen
Das EDV-System muss gegen unbefugten Zugriff geschützt werden. Dies ist zum einen durch bauliche als auch durch softwaretechnische Maßnahmen sicherzustellen.
Jede Person, die mit einem bestandführenden System kommuniziert, muss sich mit einem Namen (Benutzerkennung) und einem nur ihr bekannten Passwort anmelden. Kein Passwort darf im Klartext gespeichert werden. Der Verschlüsselungsalgorithmus darf dem Betreiber nicht bekannt sein.
Jeder Person können eine oder mehrere Rollen zugewiesen werden, die den Zugriff auf gespeicherte Daten freigeben. Dies ist unabhängig vom eingesetzten Terminal.
Beim Zugriff auf die gespeicherten Daten ist zu unterscheiden zwischen:
– Nur lesender Zugriff auf einen Datensatz
– Anlegen eines neuen Datensatzes
– Verändern eines bestehenden Datensatzes
– Löschen eines Datensatzes

4.4 Personalisierung
Jede bestandsverändernde Buchung auf einem Lagerplatz oder LE wird mit dem Namen (Benutzerkennung) der Person gespeichert, die die Bestandsveränderung durchgeführt hat.

4.5 Dokumentation
Jeder Wareneingang (Aufbau des Bestands) und jeder Warenausgang (Reduktion des Bestands) wird mit Datum, Uhrzeit und ggf. Name dokumentiert.
Ebenso werden alle Bestandsveränderungen, die nicht auf einem Wareneingang oder (Auslager-)Auftrag beruhen, mit Datum, Uhrzeit, Name und Grund dokumentiert.
Jede Inventurbuchung wird mit Datum, Uhrzeit, Name und Grund dokumentiert. Diese Buchungen müssen archiviert werden können.
Diese Dokumentationen können in elektronischer Form als auch als Ausdruck auf Papier erzeugt werden.

4.6 Nachprüfbarkeit
Die gespeicherten Daten über die bestandsverändernden Buchungen müssen ggf. auf geeigneten Medien archiviert werden, sodass sie während der gesetzlichen Aufbewahrungsfrist jederzeit eingesehen werden können, ohne den laufenden Betrieb zu stören.

Quelle: VDI-Gesellschaft Fördertechnik Materialfluss Logistik – Abteilung Richtlinien (Hrsg.): VDI-Richtlinie 4492: Anwendung von Inventurverfahren in EDV-geführten Lagern. Düsseldorf August 2006, Seite 16–18 (Auszug).

WIR VERWENDEN DIE EDV IM LAGER

Informationen zum Lösen der folgenden Handlungsaufgaben finden Sie im Lehrbuch „Groß im Handel, 2. Ausbildungsjahr" im Kapitel 6 (Wir verwenden EDV-gestützte Warenwirtschaftssysteme im Lager) des Lernfeldes 6.

HANDLUNGSAUFGABEN

1. Welche Anforderungen muss die EDV im Lager erfüllen?

2. Geben Sie an, wie das Lagerverwaltungsprogramm gegen unberechtigten Zugriff geschützt werden kann.

3. Stellen Sie weitere Aufgaben der Datenverarbeitung – neben der Unterstützung der Inventurdurchführung und -bewertung – im Lager von Großhandelsunternehmen dar.

LERNFELD 6

LOGISTISCHE PROZESSE PLANEN, STEUERN UND KONTROLLIEREN

4. Erläutern Sie den Begriff „chaotische Lagerplatzverwaltung".

---

5. Beschreiben Sie die verschiedenen Inventurverfahren.

Inventurverfahren	Merkmal
Zeitnahe Stichtagsinventur	
Zeitlich verlegte Inventur	
Permanente Inventur	

WIR VERWENDEN DIE EDV IM LAGER

VERTIEFUNGS- UND ANWENDUNGSAUFGABEN

1 Prüfen Sie mithilfe des Kapitels 6.8 in den folgenden Fällen, welche Versicherungen der Großhandlung Müller OHG die aufgetretenen Schäden ersetzen.

Klären Sie auch, zu welcher Versicherungsart die entsprechenden Versicherungen gehören.

Versicherungsfall	Versicherung	Versicherungsart
Herr Lindemann, Fahrer des betriebseigenen Lkw, verursacht einen Auffahrunfall. Sachschaden beim Unfallgegner: 25.000,00 €.		
Der Kunde Weber GmbH & Co KG muss Insolvenz anmelden. 87.000,00 € Forderungen fallen aus.		
Ein geplatztes Wasserrohr führt zu einem großen Schaden im Bürogebäude.		
Heinz Müller, der Inhaber der Großhandlung, verliert durch einen Unfall im Lager zwei Finger.		
Übers Wochenende brachen unbekannte Täter in das Lager ein und entwendeten Waren im Wert von 56.000,00 €.		
Das Lager im Filialbetrieb brennt ab. Es entsteht ein sehr großer Sachschaden.		
Durch den Brand in der Filiale entgeht der Müller OHG ein großer Gewinn.		
Aus dem Tank einer benachbarten Großhandlung ist Öl auf das Freigelände der Müller OHG geflossen und hat dort gelagerten Sand verunreinigt. Die Großhandlung weigert sich, den entstandenen Schaden zu ersetzen.		
Ware, die an einen Kunden mit dem firmeneigenen Lkw ausgeliefert wird, ist auf dem Transport beschädigt worden.		
Heinz Müller, Unternehmensinhaber, muss wegen Herz-Kreislauf-Beschwerden einen Arzt aufsuchen.		

Zur weiteren Vertiefung der Lerninhalte und Sicherung der Lernergebnisse empfehlen wir die Bearbeitung der Aufgaben und Aktionen in den Kapiteln 6 (Wir verwenden EDV-gestützte Warenwirtschaftssysteme im Lager) und 8 (Wir versichern uns geegen Schäden bei Lagerung und Transport) des Lernfeldes 6 Ihres Lehrbuches „Groß im Handel, 2. Ausbildungsjahr".

LERNFELD 6

LOGISTISCHE PROZESSE PLANEN, STEUERN UND KONTROLLIEREN

4 Wir lagern Waren bei Lagerhaltern

HANDLUNGSSITUATION

Herr Treuend kommt gerade von einer Geschäftsreise aus dem Ausland.

Herr Treuend: „Hallo, Frau Kröger!"
Nina Kröger: „Guten Tag Herr Treuend! Wie war es denn in China?"
Herr Treuend: „Herr Spindler und ich haben auf unserer Einkaufstour alles bestellen können, was wir geplant haben. Alles zu guten Preisen und zu einer guten Qualität ... Und als wir uns dann gefreut haben, dass wir fertig sind, stolperten wir in Hongkong zufällig über 3 000 modische Herrensakkos. Extrem günstig und in einer bombastischen Qualität ... Da konnten wir nicht vorbeigehen ..."
Nina Kröger: „Klasse für uns!"
Herr Treuend: „Im Großen und Ganzen: Ja! Ein kleines Problem haben wir uns aber eingehandelt. Durch die geplanten Einkäufe ist unser Lager erst einmal bis oben hin voll. Aber wir müssen die Sakkos ja irgendwo unterbringen. Herr Spindler und ich sehen zwei Möglichkeiten:
Zum einen können wir unsere eigene Lagerkapazität durch Bau oder Anmietung von Lagerräumen erweitern. Bauen fällt ja wohl flach, aber wir könnten drüben bei der Gruß GmbH für 25.000,00 € einen Lagerraum mieten. Hinzu kämen dann noch 3,00 € variable Lagerkosten pro Sakko. Zum andern könnten wir die Sakkos auch bis zum Weiterverkauf bei einem Fremdlagerer, der Hamburger Lagerhaus AG, einlagern. Die würden uns 8,00 € pro Sakko berechnen.
Ich muss jetzt erst einmal alles Liegengebliebene aufarbeiten. Sie könnten aber die Entscheidung, welche der beiden Alternativen wir nehmen sollten, schon einmal vorbereiten. Wir sprechen uns dann heute Nachmittag noch einmal."

Informationen zum Lösen der folgenden Handlungsaufgaben finden Sie im Lehrbuch „Groß im Handel, 2. Ausbildungsjahr" im Kapitel 7 (Wir lagern Waren bei Lagerhaltern) des Lernfeldes 6.

HANDLUNGSAUFGABEN

1. Vor welchem Problem steht die Spindler KG?

_____

_____

2. Ermitteln Sie, wie teuer die Eigenlagerung der 3 000 Sakkos wäre, wenn die Spindler KG Lagerfläche bei dem benachbarten Unternehmen Gruß GmbH anmieten würde.

3. Suchen Sie Gründe, warum die Spindler KG die Sakkos evtl. nicht in einem eigenen Lager deponieren möchte.

4. Erläutern Sie am Beispiel des Hamburger Lagerhauses die Merkmale eines Lagerhalters.

LERNFELD 6

LOGISTISCHE PROZESSE PLANEN, STEUERN UND KONTROLLIEREN

5. Geben Sie an, welche Dokumente die Spindler KG von der Hamburger Lagerhaus AG bekommt. Stellen Sie fest, wodurch sich diese unterscheiden.

–	
–	

6. Erläutern Sie welche Rechte und Pflichten die Hamburger Lagerhaus AG gegenüber der Spindler KG hat.

Rechte	Pflichten

7. Stellen Sie die Kosten der Fremdlagerung der 3 000 Sakkos bei der Hamburger Lagerhaus AG fest.

8. Entscheiden Sie, wo die Spindler KG die 3000 Sakkos lagert.

9. Die chinesische Textilfabrik bietet überraschend einen Rabatt von 50 % an, wenn die Spindler KG ihre Bestellung auf 10.000 Stück erhöht. Nina Kröger berechnet in diesem Zusammenhang die kritische Lagermenge.

    a) Geben Sie an, was man unter der kritischen Lagermenge versteht.

    b) Ermitteln Sie die kritische Lagermenge.

    c) Entscheiden Sie, ob sich die Fremdlagerung lohnt, wenn 10 000 Sakkos auf Lager genommen werden.

LERNFELD 6

LOGISTISCHE PROZESSE PLANEN, STEUERN UND KONTROLLIEREN

VERTIEFUNGS- UND ANWENDUNGSAUFGABEN

1. Lösen Sie das folgende Kreuzworträtsel.

Waagerecht:

3. Falls er überschritten wird, steigen die Lagerkosten gewaltig.
6. eine der Funktionen des Lagers
10. ein Dokument im Bereich der Fremdlagerung, das nur dem Empfang der Ware dokumentiert
13. Warenwertpapier
18. Entgelt für die Leistung des Lagerhalters
20. Lagerkosten, die z.B. durch Abnutzung der Lagereinrichtung entstehen
21. Größere Warenmengen werden in Erwartung von Preissteigerungen auf Lager genommen.
22. Eigenschaft von Kapital, das in Waren gebunden ist
23. Dies ist der Lagerbestand einer Ware, mit dem sowohl die Nachteile eines zu großen als auch zu kleinen Lagerbestandes vermieden werden.
24. wichtige Tätigkeit im Lager, um den Wert von Waren zu erhalten
25. lagert für andere Waren ein

Senkrecht:

1. Das Lager ist jeweils in der Nähe der Kunden.
2. Die Reserve, die ein Unternehmen in Form des Mindestbestandes vorhält, wird so genannt.
4. Nachteil eines zu kleinen Lagers
5. Lager mit einer Höhe bis zu max. 7 m
7. Bestand für unvorhergesehene Ereignisse
8. Hier können wetterunempfindliche Güter gelagert werden.
9. Funktion des Lagers in Zusammenhang mit der Ware
11. Funktion des Lagers
12. vollautomatisiertes Lager über 12 m Höhe
14. So wird die Lagermenge genannt, bei der die Kosten der Eigenlagerung genau denen der Fremdlager entsprechen. Unterhalb dieser Menge lohnt sich die Fremdlagerung, oberhalb die Eigenlagerung.
15. werden im Lager ausgenutzt
16. Lagerart, die hauptsächlich dem Aufbewahren von Gütern dient
17. Jede Bestellung nach Unterschreiten dieser Menge kann eventuelle Lieferschwierigkeiten nicht verhindern.
19. Lager für z. B. Getreide

Zur weiteren Vertiefung der Lerninhalte und Sicherung der Lernergebnisse empfehlen wir die Bearbeitung der Aufgaben und Aktionen im Kapitel 7 (Wir lagern Waren bei Lagerhaltern) des Lernfeldes 6 in Ihrem Lehrbuch „Groß im Handel, 2. Ausbildungsjahr".

5 Wir liefern Waren an Kunden mit eigenen Fahrzeugen aus

HANDLUNGSSITUATION

Herr Werner: „Hallo, Frau Kröger. Ich darf Sie zu Ihrem ersten Tag in der Abteilung Logistik begrüßen. Neben der Lagerhaltung sind wir zuständig für den Güterversand mit eigenen Lkws oder für die Auslieferung der Waren durch einen Frachtführer bzw. die Post. Wir haben momentan einen Firmen-Lkw, der in diesem Jahr komplett abgeschrieben ist. Gefahren wird der Lkw von Herrn Sindig, der im Dezember in den Ruhestand geht. Herr Sindig fährt nur noch ein paar Kunden in der unmittelbaren Umgebung an. Diese Kunden machen aber nur noch weniger als 1 % unseres Umsatzes aus. Herr Spindler hat jetzt die Auslieferung mit firmeneigenen Lkws vor diesem Hintergrund auf den Prüfstand gestellt. Wir setzen uns demnächst mit Herrn Spindler einmal zusammen und entscheiden, ob wir überhaupt noch Waren mit einem firmeneigenen Lkw ausliefern wollen. Dazu könnten Sie ja einmal als Einstieg in unsere Abteilung einige Argumente für die firmeneigene Warenzustellung sammeln. Ach ja, Herr Spindler möchte, dass dieses Jahr noch die Kosten für die Auslieferung mit dem Lkw gesenkt werden. Herr Sindig fährt die Kunden immer nach Gefühl an."

Nina Kröger: „Haben Sie denn Daten über die Kunden?"

Herr Werner: „Ja, ich habe hier auf dieser Karteikarte vor einiger Zeit einmal die Entfernung zwischen den einzelnen Kunden festgehalten."

Informationen zum Lösen der folgenden Handlungsaufgaben finden Sie im Lehrbuch „Groß im Handel, 2. Ausbildungsjahr" in den Kapiteln 9 (Wir wählen geeignete Transportmittel aus) und 10 (Wir planen Touren) des Lernfeldes 6.

LERNFELD 6

LOGISTISCHE PROZESSE PLANEN, STEUERN UND KONTROLLIEREN

HANDLUNGSAUFGABEN

1. Vor welchem Problem steht die Spindler KG?

2. Was kann die Spindler KG tun, um das Problem zu lösen?

3. Stellen Sie fest, ob es rechtliche Vorschriften zur Durchführung des Werkverkehrs gibt.

4. Führen Sie Gründe auf, die für eine Warenzustellung mit eigenen Fahrzeugen sprechen.

5. Geben Sie an, welches Dokument im Rahmen der firmeneigenen Zustellung vom Auslieferungsfahrer ausgehändigt wird und welche Angaben dieses enthält.

6. Stellen Sie fest, wie die Spindler KG nachweisen kann, dass die Ware einem Kunden ordnungsgemäß zugestellt wurde.

7. Auf dem Weg zur Mittermaier KG verschwindet ein Paket.

Beurteilen Sie die Haftungsproblematik.

8. Herr Sindig beliefert nur noch die folgenden drei Kunden. Die Entfernungen der Fahrten sind auf der folgenden Karteikarte aufgeführt.

	Spindler KG	Löffelmann OHG	Spinelli-Moden	Remmers KG
Spindler KG	–	18	6	3
Löffelmann OHG	18	–	12	9
Spinelli-Moden	6	12	–	15
Remmers KG	3	9	15	–

a) Stellen Sie fest, wie viele Möglichkeiten der Auslieferung es gibt.

b) Planen Sie manuell eine Tour, bei der die Entfernung, die zurückgelegt wird, minimal ist.

LERNFELD 6

LOGISTISCHE PROZESSE PLANEN, STEUERN UND KONTROLLIEREN

VERTIEFUNGS- UND ANWENDUNGSAUFGABEN

Zur weiteren Vertiefung der Lerninhalte und Sicherung der Lernergebnisse empfehlen wir die Bearbeitung der Aufgaben und Aktionen in den Kapiteln 9 (Wir wählen geeignete Transportmittel aus) und 10 (Wir planen Touren) des Lernfeldes 6 in Ihrem Lehrbuch „Groß im Handel, 2. Ausbildungsjahr".

6 Wir wählen geeignete Frachtführer aus

HANDLUNGSSITUATION

Herr Werner: „So Frau Kröger, wir haben uns in Zukunft für die firmenfremde Zustellung entschieden. Da ich jetzt gleich zu einem Meeting muss, kümmern Sie sich bitte um die folgenden Transportfälle:
Es müssen 4 000 Sakkos an die Firma Magyartex in Budapest und 2 900 Hosen an die Ambiente Warenhaus AG verschickt werden. (Fall 1)
Die Spindler KG bestellt jetzt Jeans in Shanghai für die Saison in 6 Monaten. (Fall 2)
Ein großes amerikanisches Warenhaus bestellt heute 300 Anzüge. Diese sollen spätestens in 5 Tagen in New York sein. (Fall 3)
Die Ambiente Warenhaus AG hat kurzfristig eine so große Nachfrage nach Hemden zu verzeichnen, dass ein Ausverkauf droht. Sie ordert 10 000 Stück bei uns und erhofft sich eine Lieferung bis übermorgen. Wir sollten mit dem Frachtführer eine Geld-zurück-Garantie bei verspäteter Abgabe abschließen." (Fall 4)
Nina Kröger: „Das kann doch eine Spedition mit ihren Lkws machen ..."

Herr Werner: „Vorsicht mit den Begriffen! Sie müssen sich in jedem Fall für einen Frachtführer entscheiden und die müssen nicht zwangsläufig auch Spediteure sein."

Informationen zum Lösen der folgenden Handlungsaufgaben finden Sie im Lehrbuch „Groß im Handel, 2. Ausbildungsjahr" in den Kapiteln 9 (Wir wählen geeignete Transportmittel aus) und 18 (Wir nutzen die Leistungen von Spediteuren) des Lernfeldes 6.

HANDLUNGSAUFGABEN

1. Die firmenfremde Zustellung kann neben der Post durch sogenannte Frachtführer erfolgen.

Stellen Sie fest, was Frachtführer sind.

_____

_____

2. Führen Sie verschiedene Frachtführer auf, die die Spindler KG mit dem Transport von Waren beauftragen könnte.

3. Geben Sie an, welche Rechte und Pflichten ein Frachtführer gegenüber der Spindler KG hat.

Pflichten des Frachtführers	Rechte des Frachtführers

4. Spediteure werden oft mit Frachtführern verwechselt (und manchmal sind bestimmte Frachtführer zugleich Spediteure). **Stellen Sie fest, was Spediteure sind. Arbeiten Sie die Unterschiede zum Frachtführer hinaus.**

LERNFELD 6

LOGISTISCHE PROZESSE PLANEN, STEUERN UND KONTROLLIEREN

5. Führen Sie Rechte und Pflichten des Spediteurs auf.

Pflichten des Spediteurs	Rechte des Spediteurs

6. Entscheiden Sie, welche Frachtführer in den aufgeführten Fällen auszuwählen sind.

Füllen Sie dazu die folgende Tabelle aus.

Frachtführer	Fall	Für welche Waren geeignet?	Vorteile	Nachteile
Gewerblicher Güterkraftverkehr				
Kurier-, Express- und Paketdienste				
Seeschifffahrt				
Luftfracht				

VERTIEFUNGS- UND ANWENDUNGSAUFGABEN

1. **Wählen Sie die zweckmäßige Transportart:**

   a) 525 Tonnen Kohle von Essen nach Mannheim

   b) 400 Tonnen Eisenerz von Hamburg nach München

   c) 25 Tonnen nicht gekühltes Obst von Israel nach Frankfurt

   d) Fertighauselemente von Fallingbostel nach Schleswig

   e) 30 000 Prospekte – in einer bayerischen Druckerei günstig hergestellt – von Augsburg nach Hildesheim

Zur weiteren Vertiefung der Lerninhalte und Sicherung der Lernergebnisse empfehlen wir die Bearbeitung der Aufgaben und Aktionen in den Kapiteln 9 (Wir wählen geeignete Transportmittel aus) und 18 (Wir nutzen die Leistungen von Spediteuren) des Lernfeldes 6 Ihres Lehrbuches „Groß im Handel, 2. Ausbildungsjahr".

LERNFELD 6

LOGISTISCHE PROZESSE PLANEN, STEUERN UND KONTROLLIEREN

7 Wir beauftragen unterschiedliche Frachtführer

HANDLUNGSSITUATION

Gestern Morgen:
Mittlerweile hat Nina Kröger verschiedene Transportprobleme für die Spindler KG gelöst.

Auch heute muss sie verschiedene Transportfälle für Herrn Werner bearbeiten. Nina Kröger

- beauftragt das Güterkraftverkehrsunternehmen Schaper, Rungeweg 7, 30418 Hannover mit dem Transport von 4000 Hemden an die Filiale des Ambiente Warenhauses in Dresden und von 2500 Anzügen an die Filiale in Prag; (Fall 1)

- organisiert den Transport von 5000 Jeans per Seefracht von der Textil-International Ltd, 25 Pat Tat St., Sanpokong, Kowloon, Hongkong; (Fall 2)

- sorgt dafür, dass die McDouglas Ltd, 234 Princess Street, Edingburgh, United Kingdom aufgrund einer gerade eingegangenen Bestellung 400 Jeans spätestens 2 Tage später per Luftfracht bekommt. (Fall 3)

Gestern Abend:
Nina Kröger trifft ihren Freund Max Mutzke, der ebenfalls in einem Großhandelsunternehmen ausgebildet wird. Max berichtet, dass er ab morgen auch in der Logistikabteilung seines Unternehmens anfängt.

Nina Kröger: „Wenn du morgen das erste Mal zwei Kohletransporte für die Hannoversche Brennstoffgroßhandlung von jeweils 1000 t organisieren müsstest, dann solltest du die Lieferung von Hamburg nach Braunschweig mit Binnenschiffen (Fall 4), die Lieferung von Hamburg nach München mit der Bahn transportieren lassen." (Fall 5)

Max Mutzke: „Mein Chef sagte mir, dass ähnlich wie in deinem Betrieb die Hauptarbeit in der Logistikabteilung in der Organisation der Transporte liegt. Ab und an muss man sich jedoch auch einmal um Transportschäden bei den einzelnen Frachtführern kümmern. Wie sieht eigentlich die Haftung jeweils aus?"

Informationen zum Lösen der folgenden Handlungsaufgaben finden Sie im Lehrbuch „Groß im Handel, 2. Ausbildungsjahr" in den Kapiteln 11 bis 15 des Lernfeldes 6.

HANDLUNGSAUFGABEN

1. Entscheiden Sie, welches Transportdokument für den jeweiligen Frachtführer auszufüllen ist.

2. Geben Sie an, welche Transportarten der jeweilige Frachtführer anbietet.

   Kennzeichnen Sie die im konkreten Fall auszuwählende Transportart.

3. Erläutern Sie für jeden Frachtführer die Haftungssituation.

Fall	Frachtführer	Transportpapiere	Arten	Haftung
1				
2				

LERNFELD 6

LOGISTISCHE PROZESSE PLANEN, STEUERN UND KONTROLLIEREN

Fall	Frachtführer	Transportpapiere	Arten	Haftung
3				
4				
5				

WIR BEAUFTRAGEN UNTERSCHIEDLICHE FRACHTFÜHRER

VERTIEFUNGS- UND ANWENDUNGSAUFGABEN

1. Füllen Sie die folgende Mindmap aus.

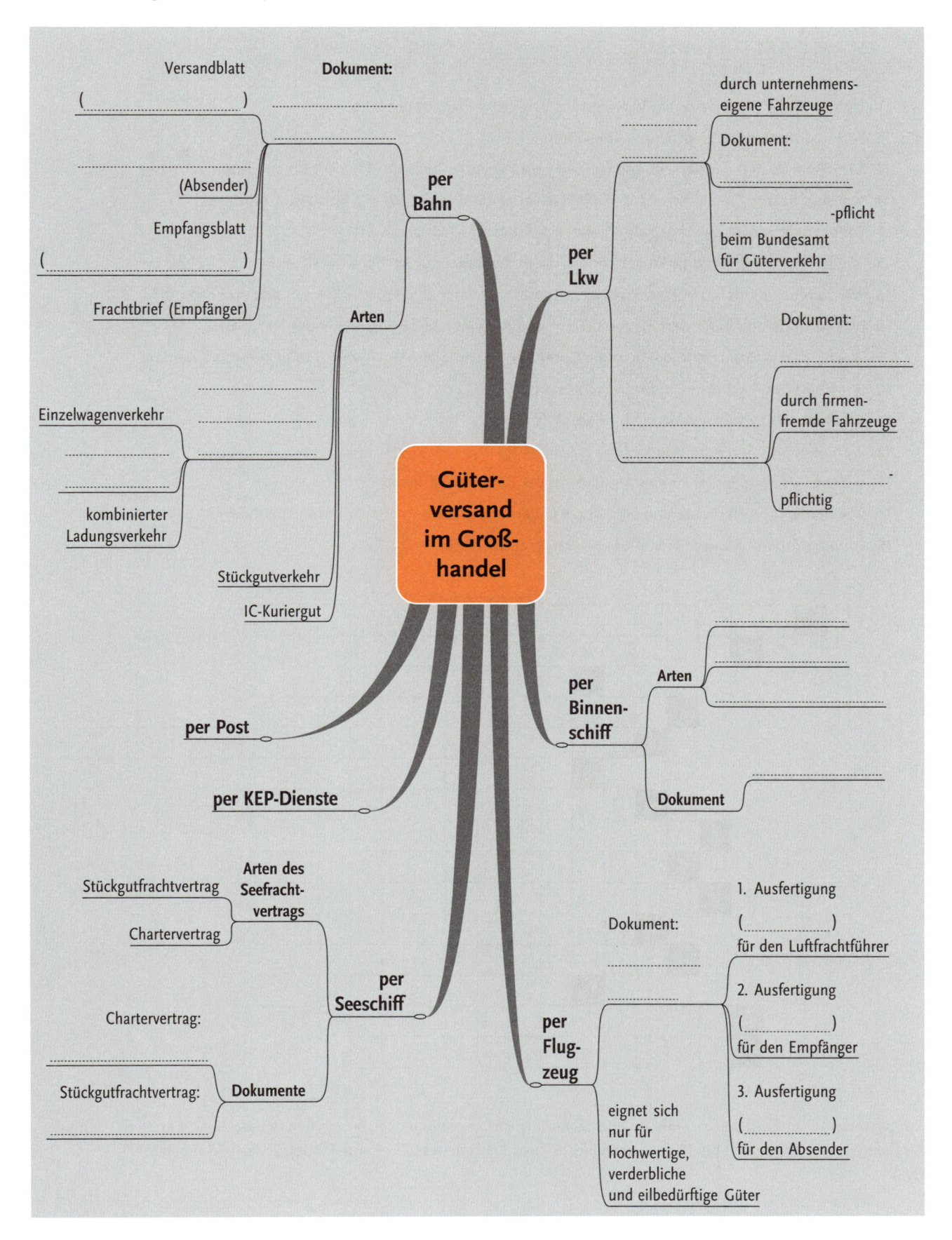

Mindmap: **Güterversand im Großhandel**

- **per Bahn**
  - Dokument: ....
    - Versandblatt (............)
    - .... (Absender)
    - Empfangsblatt (............)
    - Frachtbrief (Empfänger)
  - Arten
    - Einzelwagenverkehr
    - ....
    - ....
    - kombinierter Ladungsverkehr
    - Stückgutverkehr
    - IC-Kuriergut

- **per Lkw**
  - durch unternehmenseigene Fahrzeuge
    - Dokument: ....
    - ....-pflicht beim Bundesamt für Güterverkehr
  - durch firmenfremde Fahrzeuge
    - Dokument: ....
    - ....-pflichtig

- **per Binnenschiff**
  - Arten
    - ....
    - ....
  - Dokument ....

- **per Flugzeug**
  - Dokument: ....
    - 1. Ausfertigung (............) für den Luftfrachtführer
    - 2. Ausfertigung (............) für den Empfänger
    - 3. Ausfertigung (............) für den Absender
  - eignet sich nur für hochwertige, verderbliche und eilbedürftige Güter

- **per Seeschiff**
  - Arten des Seefrachtvertrags
    - Stückgutfrachtvertrag
    - Chartervertrag
  - Dokumente
    - Chartervertrag: ....
    - Stückgutfrachtvertrag: ....

- **per Post**

- **per KEP-Dienste**

131

LERNFELD 6

LOGISTISCHE PROZESSE PLANEN, STEUERN UND KONTROLLIEREN

2. Lösen Sie folgendes Silbenrätsel.

BIN – BRIEF – BU – CHER – DE – DER – DI – EU – FAHRT – FRACHT – FRACHT – FREI – FREMD – FUEH – GUE – HAUS – KEHR – KEHR – KON – KOS – KU – KUNGS – LA – LET – LIE – LUFT – MAS – MENT – NEN – NOS – PAC – PAL – PAR – RE – RER – RO – SCHEIN – SCHIFF – SE – SELBST – SEN – SEN – SPE – TEN – TEN – TER – TEUR – TI – VER – VER – VER – VER – WERK

1. Welche Kosten werden durch Verwendung von Leihbehältern gesenkt?
2. Wer übernimmt die Beförderung von Gütern?
3. Sämtliche Kosten der Versendung werden vom Verkäufer bezahlt. Wie nennt man diesen Vermerk?
4. Wer darf bei der Deutschen Post AG Pakete versenden, die bis zu 31,5 kg schwer sind?
5. Welchen Verkehrsträger bezeichnet man als „langsam, aber preiswert"?
6. Wie heißen selbstständige Einzelschiffer, die in der Regel nur ein Schiff besitzen?
7. Wie bezeichnet man den Transport von Gütern mit firmeneigenen Kraftfahrzeugen und Fahrern?
8. Wer vermittelt die Beförderung von Gütern und erledigt alle damit anfallenden Arbeiten?
9. Wie heißt das Dokument, bei dem die Güter per Fracht- oder Passagierflugzeug befördert werden?
10. Wie heißt der Frachtbrief in der Seeschifffahrt?
11. Was befördert überwiegend die Binnenschifffahrt?
12. Wer erhält das Frachtbriefdoppel?
13. Welches Versandpapier ist eine Urkunde in der Binnenschifffahrt?
14. Wie heißen unterfahrbare und stapelbare Lademittel unter einer bestimmten DIN-Norm?
15. Güterbeförderung durch Frachtführer oder über Spediteur

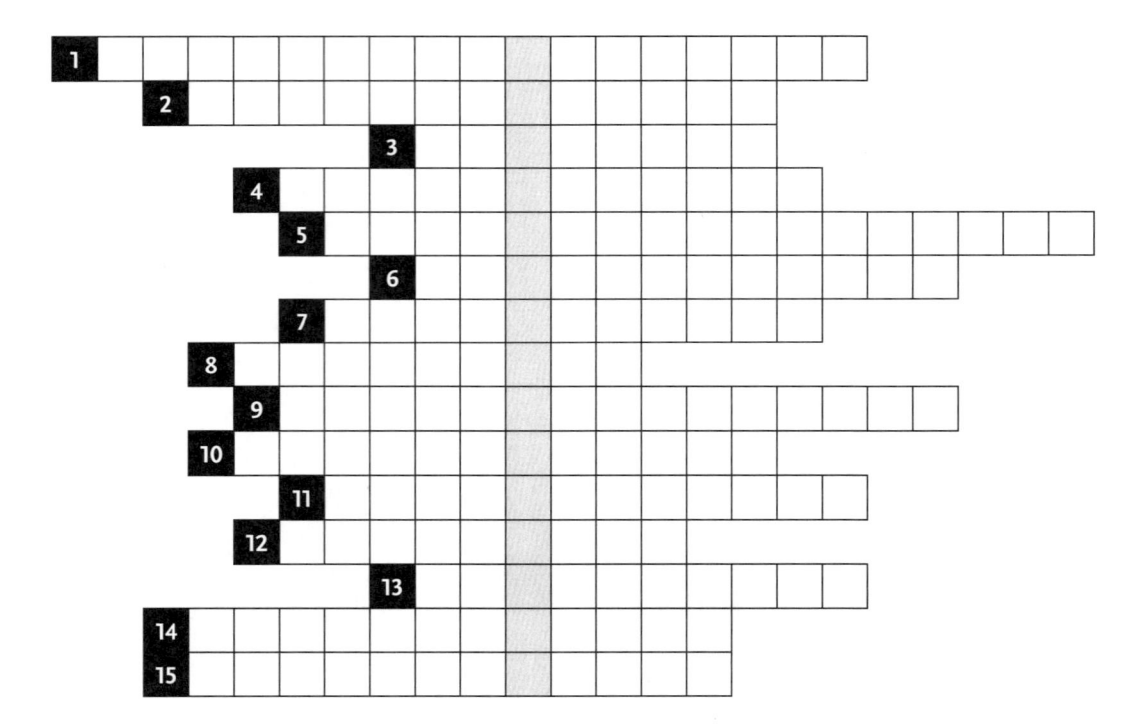

Zur weiteren Vertiefung der Lerninhalte und Sicherung der Lernergebnisse empfehlen wir die Bearbeitung der Aufgaben und Aktionen in den Kapiteln 11 bis 15 des Lernfeldes 6 Ihres Lehrbuches „Groß im Handel, 2. Ausbildungsjahr".

WIR VERSENDEN GÜTER MIT DER POST UND KURIER-, EXPRESS- UND PAKETDIENSTEN

8 Wir versenden Güter mit der Post und Kurier-, Express- und Paketdiensten

HANDLUNGSSITUATION

Nina Kröger ist im Rahmen ihrer Ausbildung derzeit in der Verwaltung der Spindler KG eingesetzt. Herr Böhme ist dort für die Organisation des Versands der Waren- und Postausgänge zuständig. Er drückt ihr die folgenden Schreiben in die Hand:

Herr Böhme: „Frau Kröger, bitte bereiten Sie doch diese beiden Schreiben für den Versand vor. Ich weiß zwar, dass Sie heute Ihren ersten Tag hier in der Poststelle haben, aber ich denke, dass man am besten lernt, wenn man einfach mal loslegt. Da gibt es nicht viel zu gucken, da muss man einfach mal ran an die Arbeit."

Nina: „Ja, vielen Dank, Herr Böhme. Es ist schön, dass ich sofort etwas selber bearbeiten darf. Haben Sie vielleicht noch einige Tipps für mich, weil ich ja noch keine Idee habe, was ich machen muss."

Herr Böhme: „Schön, dass Sie motiviert sind. Informieren Sie sich am besten zunächst über die Möglichkeiten, die wir haben, um die Post zu unseren Kunden zu bringen, und entscheiden Sie sich dann für eine geeignete Möglichkeit des Versands. Beim Versand sind keine dringlichen Termine einzuhalten."

Nina: „Gut, vielen Dank. Das werde ich machen."

Herr Böhme: „Ich erwarte Sie dann nachher mit Ihren Lösungsvorschlägen und den versandfertigen Postsendungen wieder hier."

1. Angebot

Spindler KG — Textilgroßhandlung

Spindler KG • Goseriede 41 • 30159 Hannover

Brandes GmbH
Lister Meile 5
01169 Dresden

Goseriede 41 • 30159 Hannover
Telefon: 0511 4155-0
Telefax: 0511 4155-10
Internet: www.spindler-wvd.de
E-Mail: info@spindler-wvd.de

Telefax
0511 4155-32

E-Mail
kroeger@spindler-wvd.de

Ihr Zeichen, Ihre Nachricht vom	Unser Zeichen, unsere Nachricht vom	Telefon, Name 0511 4155-603	Datum
A71309..sch Anfrage vom 13.09...	KÜH/1609..Ang	Herr Kühne	16.09...

Angebot

Sehr geehrter Herr Schenk,

vielen Dank für Ihre Anfrage vom 13.09.. Wir können Ihnen die angefragten Damenblusen „Giulia" zu folgenden Konditionen anbieten:

Bestell-Nr. 338: Damenbluse „Giulia", langarm, uni, 100 % Baumwolle, Gr. 32 bis 50
Farben: weiß, schwarz, rot, blau, beige
Preis: 18,99 €/Stück einschl. Verpackung

Bei einer Abnahme von mindestens 100 Stück gewähren wir einen Mengenrabatt von 10 %.

Der Preis gilt frei Haus. Die Hemden können innerhalb von 7 Werktagen geliefert werden.

Die Zahlungsfrist beträgt 4 Wochen. Bei Zahlung innerhalb von 10 Tagen gewähren wir Ihnen 2 % Skonto.

Wir freuen uns auf Ihren Auftrag.

Mit freundlichen Grüßen

Spindler KG

i. V. Kühne

Kühne

LERNFELD 6   LOGISTISCHE PROZESSE PLANEN, STEUERN UND KONTROLLIEREN

2. Lieferung

Spindler KG — Textilgroßhandlung

Spindler KG • Goseriede 41 • 30159 Hannover

Tina Hempe e. Kffr.
Weststr. 55
81541 München

Goseriede 41 • 30159 Hannover
Telefon: 0511 4155-0
Telefax: 0511 4155-10
Internet: www.spindler-wvd.de
E-Mail: info@spindler-wvd.de

Telefax
0511 4155-32

E-Mail
kroeger@spindler-wvd.de

Ihr Zeichen, Ihre Nachricht vom	Unser Zeichen, unsere Nachricht vom	Telefon, Name 0511 4155-603	Datum
B2-0109..CB Bestellung vom 01.09...	KÜH/1609..Lief	Herr Kühne	16.09...

Rechnung

Sehr geehrte Frau Hempe,

vielen Dank für Ihren Auftrag. Anbei übersenden wir Ihnen die bestellte Ware:

Artikelnr.	Bezeichnung	Größe	Menge	Einzelpreis	Preis
554556921	Rock „NewStyle"	36	4	17,99 €	71,96 €
554556921	Rock „NewStyle"	38	4	17,99 €	71,96 €
554556921	Rock „NewStyle"	40	4	17,99 €	71,96 €
				Gesamt netto:	215,88 €
				USt 19 %	41,02 €
				Gesamt brutto:	256,90 €

Bitte zahlen Sie gemäß unserem Angebot vom 04.09... innerhalb von 4 Wochen auf eines unserer Konten. Bei Zahlung innerhalb von 10 Tagen gewähren wir Ihnen 2 % Skonto.

Wir bedanken uns für Ihren Auftrag.

Mit freundlichen Grüßen

Spindler KG
i. V. Kühne
Kühne

Informationen zum Lösen folgender Handlungsaufgaben finden Sie im Kapitel 16 (Wir versenden Waren mit KEP-Diensten) und 17 (Wir versenden Güter mit der Post) des Lernfeldes 6 in Ihrem Lehrbuch „Groß im Handel, 2. Ausbildungsjahr".

HANDLUNGSAUFGABEN

1. Arbeiten Sie aus der Situation heraus, welche Aufgaben Nina erledigen muss. Geben Sie die Aufgaben gleich in einer sinnvollen Reihenfolge an.

2. Erläutern Sie mit eigenen Worten, was man unter Kurier-, Express- und Paketdiensten versteht, und grenzen Sie die Unternehmen voneinander ab.

3. Geben Sie mithilfe Ihres Lehrbuches die Vorteile an, die die Beauftragung eines KEP-Dienstleisters mit sich bringen kann, und erläutern Sie die Vorteile kurz.

Vorteil	Erläuterung

LERNFELD 6

LOGISTISCHE PROZESSE PLANEN, STEUERN UND KONTROLLIEREN

Vorteil	Erläuterung

4. Arbeiten Sie aus Ihrem Lehrbuch Gründe heraus, die ein Unternehmen dazu bewegen können, beim Versand auf Kurierdienste zurückzugreifen.

_____
_____
_____
_____
_____
_____
_____
_____
_____
_____
_____

5. Erläutern Sie mithilfe Ihres Lehrbuches, welche Erwartungen ein Kunde beim Versand mit einem Expressdienst an diesen Dienstleister hat.

_____
_____
_____

6. Vervollständigen Sie mithilfe Ihres Lehrbuches den folgenden Überblick über die Versandmöglichkeiten, die die Deutsche Post anbietet. Geben Sie eine kurze, stichpunktartige Beschreibung für die einzelnen Versandarten an. Überlegen Sie, ob Ihr Ausbildungsbetrieb die Versandart verwendet, und geben Sie in der letzten Spalte ein Beispiel an.

Versandart	Beschreibung	Beispiel

LERNFELD 6

LOGISTISCHE PROZESSE PLANEN, STEUERN UND KONTROLLIEREN

7. In der letzten Handlungsaufgabe haben Sie sich einen Überblick über die Versandarten verschafft, die von der Deutschen Post angeboten werden. Für einige dieser Versandarten bietet das Unternehmen darüber hinaus besondere Versendungsformen an. **Vervollständigen Sie den folgenden Überblick über die besonderen Versendungsformen mithilfe Ihres Lehrbuches.**

Besondere Versendungsformen

Form	Erläuterung	Ggf. Nachweis für den Absender	Geeignete Versandarten
Eigenhändig			

8. Geben Sie an, in welchem Umfang die Post bei Verlust oder Beschädigung von Sendungen haftet.

9. Sie sind nun bestens über die verschiedenen Versandmöglichkeiten informiert. Betrachten Sie die beiden Sendungen aus der Handlungssituation und geben Sie begründet an, welche Versandarten und ggf. besonderen Versendungsformen sich jeweils anbieten.

   Hinweis: Ein Rock „NewStyle" wiegt etwas unter 150 g.

LERNFELD 6

LOGISTISCHE PROZESSE PLANEN, STEUERN UND KONTROLLIEREN

10. Geben Sie an, was Nina tun muss, um die beiden Dokumente für den Versand vorzubereiten.

WIR VERSENDEN GÜTER MIT DER POST, KURIER-, EXPRESS- UND PAKETDIENSTEN

VERTIEFUNGS- UND ANWENDUNGSAUFGABEN

1. Besorgen Sie sich bei einer Filiale der Deutschen Post oder auf der Homepage der Deutschen Post (www.deutschepost.de) den Vordruck für den Versand eines Päckchen/Pakets. Erstellen Sie das Versanddokument für den Versand der Röcke „NewStyle" aus der Handlungssituation.

DHL Paket und Päckchen Deutschland + EU

Absender / Expéditeur

Postleitzahl Ort
Deutschland / Allemagne

Empfänger / Destinataire

Tel. (nur bei EU-Versand oder Sperrgut)
Straße und Hausnummer (deutschlandweit kein Postfach)
Postleitzahl Ort
Bestimmungsland / Pays de destination

Bitte hier frankieren mit:
Paketmarken (für Pakete)
Briefmarken (für Päckchen)
Zulässige Maße und Gewichte: siehe Rückseite.

Wünschen Sie zusätzliche Services? Bitte hier Servicemarken aufkleben.
Weitere Informationen: siehe Rückseite.

2. Neben der Deutschen Post gibt es viele weitere Dienstleister, die die Lieferung von Sendungen übernehmen. Diese Dienstleister nennen sind Kurier-, Express- und Paketdienste.

   Nennen Sie einige dieser Dienste.

3. Erläutern Sie mithilfe Ihres Wissens aus der Praxis im Ausbildungsbetrieb, wie Sendungen zum Abnehmer befördert werden. Geben Sie an, welche Dienstleister Ihr Ausbildungsbetrieb nutzt, und erläutern Sie auch die Gründe (sofern diese Ihnen bekannt sind).

Zur weiteren Vertiefung der Lerninhalte und Sicherung der Lernergebnisse empfehlen wir das Bearbeiten der Aufgaben und Aktionen im Kapitel 16 (Wir versenden Waren mit KEP-Diensten) und 17 (Wir versenden Güter mit der Post) des Lernfeldes 6 in Ihrem Lehrbuch „Groß im Handel, 2. Ausbildungsjahr".

LERNFELD 6

LOGISTISCHE PROZESSE PLANEN, STEUERN UND KONTROLLIEREN

9 Wir liefern Güter mit der Post aus

HANDLUNGSSITUATION

In der Spindler KG, Goseriede 41, 30159 Hannover, müssen drei Warensendungen versandfertig gemacht werden. Es soll eine mit der Post als Päckchen, eine zweite als Paket und eine dritte als Warensendung verschickt werden.

- Sendung 1 hat ein Gewicht von 19 kg und einen Warenwert von 320,00 €. Der Adressat ist die Burbach KG, Soltaustr. 17, 31141 Hildesheim.
- Sendung 2 wiegt 1 900 g und hat einen Warenwert von 9,00 €. Sie soll an die Otter GmbH, Basisstr. 12, 31004 Lehrte geschickt werden.
- Sendung 3 wiegt 350 g und hat einen Warenwert von 3,50 €. Sie soll an die Wodsack OHG, Celler Str. 22, 30169 Hannover gehen.

Informationen zum Lösen der folgenden Handlungsaufgaben finden Sie im Lehrbuch „Groß im Handel, 2. Ausbildungsjahr" im Kapitel 17 (Wir versenden Güter mit der Post) des Lernfeldes 6.

WIR LIEFERN GÜTER MIT DER POST AUS

HANDLUNGSAUFGABEN

1. Arbeiten Sie sich in die unterschiedlichen Sendungsarten und besonderen Sendungsformen der Post ein.

Tragen Sie dazu die fehlenden Begriffe in die Mindmap ein.

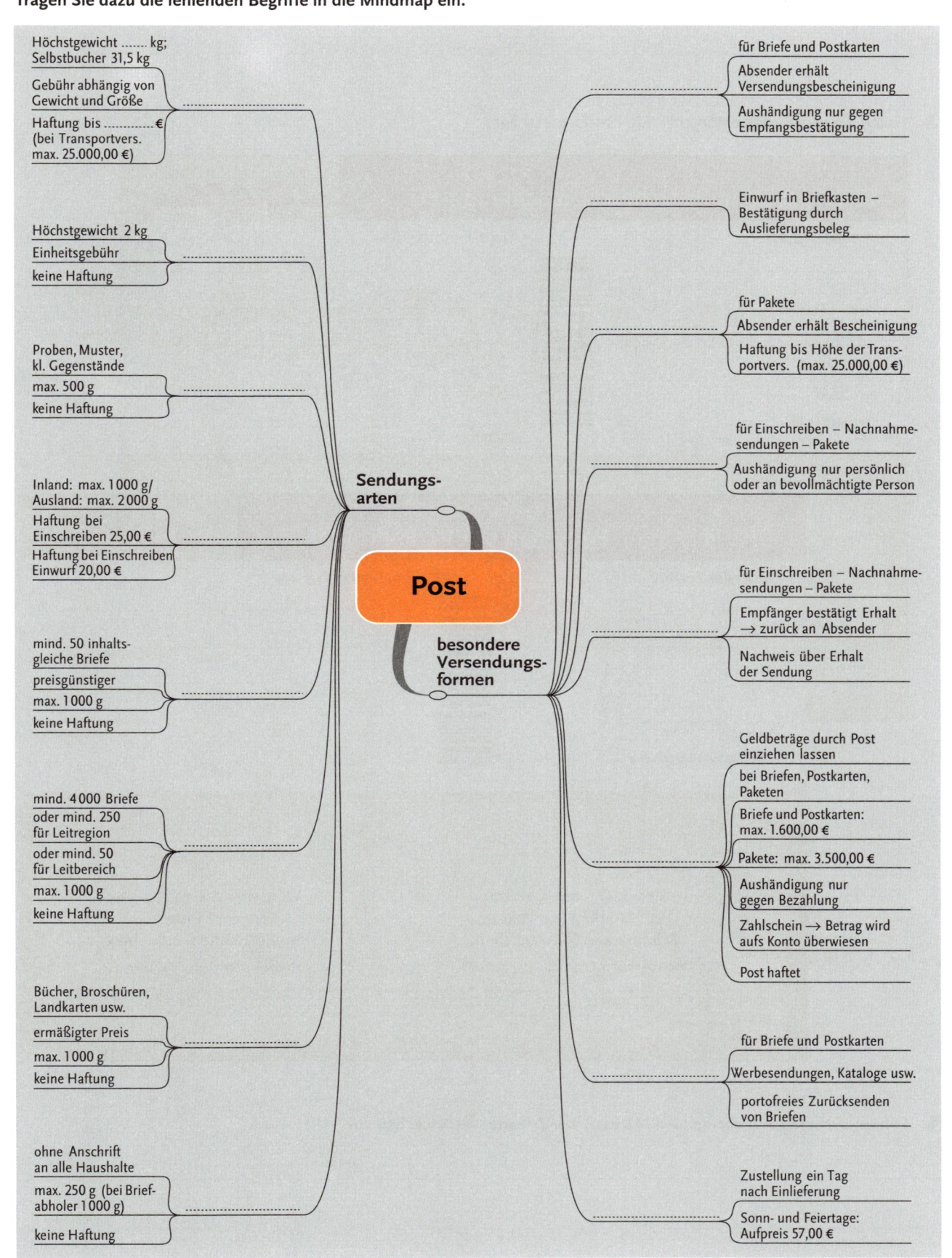

Sendungsarten (linke Seite)

Paket
- Höchstgewicht .... kg; Selbstbucher 31,5 kg
- Gebühr abhängig von Gewicht und Größe
- Haftung bis .... € (bei Transportvers. max. 25.000,00 €)

Brief
- Höchstgewicht 2 kg
- Einheitsgebühr
- keine Haftung

Päckchen
- Proben, Muster, kl. Gegenstände
- max. 500 g
- keine Haftung

Einschreiben
- Inland: max. 1000 g / Ausland: max. 2000 g
- Haftung bei Einschreiben 25,00 €
- Haftung bei Einschreiben Einwurf 20,00 €

Infopost
- mind. 50 inhaltsgleiche Briefe
- preisgünstiger
- max. 1000 g
- keine Haftung

Infobrief / Dialogpost
- mind. 4 000 Briefe oder mind. 250 für Leitregion oder mind. 50 für Leitbereich
- max. 1000 g
- keine Haftung

Büchersendung
- Bücher, Broschüren, Landkarten usw.
- ermäßigter Preis
- max. 1000 g
- keine Haftung

Postwurfsendung
- ohne Anschrift an alle Haushalte
- max. 250 g (bei Briefabholer 1 000 g)
- keine Haftung

Besondere Versendungsformen (rechte Seite)

Einschreiben
- für Briefe und Postkarten
- Absender erhält Versendungsbescheinigung
- Aushändigung nur gegen Empfangsbestätigung

Einschreiben Einwurf
- Einwurf in Briefkasten – Bestätigung durch Auslieferungsbeleg

Wertpaket
- für Pakete
- Absender erhält Bescheinigung
- Haftung bis Höhe der Transportvers. (max. 25.000,00 €)

Eigenhändig
- für Einschreiben – Nachnahmesendungen – Pakete
- Aushändigung nur persönlich oder an bevollmächtigte Person

Rückschein
- für Einschreiben – Nachnahmesendungen – Pakete
- Empfänger bestätigt Erhalt → zurück an Absender
- Nachweis über Erhalt der Sendung

Nachnahme
- Geldbeträge durch Post einziehen lassen
- bei Briefen, Postkarten, Paketen
- Briefe und Postkarten: max. 1.600,00 €
- Pakete: max. 3.500,00 €
- Aushändigung nur gegen Bezahlung
- Zahlschein → Betrag wird aufs Konto überwiesen
- Post haftet

Postwurfsendung / Werbeantwort
- für Briefe und Postkarten
- Werbesendungen, Kataloge usw.
- portofreies Zurücksenden von Briefen

Expresszustellung
- Zustellung ein Tag nach Einlieferung
- Sonn- und Feiertage: Aufpreis 57,00 €

143

LERNFELD 6

LOGISTISCHE PROZESSE PLANEN, STEUERN UND KONTROLLIEREN

2. Entscheiden Sie, welche Sendung als Paket, welche als Päckchen und welche als Warensendung verschickt werden kann.

3. Füllen Sie jeweils das entsprechende Postformular aus.

4. Führen Sie einen entscheidenden Nachteil des Versands als Päckchen auf.

WIR LIEFERN GÜTER MIT DER POST AUS

VERTIEFUNGS- UND ANWENDUNGSAUFGABEN

1. In diesem Suchrätsel sind 19 Wörter (Begriffe aus den Kapiteln 11 bis 19 in Lernfeld 6) versteckt.

S	F	T	G	J	L	T	G	Q	J	C	B	X	P	M	W	W	Y	B	O	T	L	H	B	A
E	P	E	O	D	W	V	F	O	P	Z	C	F	V	A	H	A	P	G	E	S	O	H	H	X
L	F	T	U	A	L	L	I	V	X	O	S	R	O	D	J	P	K	E	B	P	J	K	W	V
B	R	D	Y	G	A	R	J	U	Y	P	X	P	M	G	D	L	T	N	K	V	K	L	H	O
S	A	I	L	J	S	E	N	D	U	N	G	S	V	E	R	F	O	L	G	U	N	G	L	M
T	C	E	O	F	R	A	C	H	T	F	U	E	H	R	E	R	A	U	S	W	A	H	L	H
E	H	I	W	E	R	K	V	E	R	K	E	H	R	E	F	C	Y	N	I	L	C	X	B	B
I	T	N	A	X	T	Y	Q	L	C	C	S	W	N	L	I	H	R	V	T	N	P	J	K	X
N	V	S	Q	B	D	L	X	P	S	M	Y	L	P	C	Q	C	Y	I	E	U	Y	G	T	G
T	E	C	H	L	Y	T	W	R	R	N	W	X	L	F	C	L	O	X	H	L	X	X	D	O
R	R	H	W	J	C	Y	G	S	S	L	Z	L	A	D	E	S	C	H	E	I	N	L	F	Y
I	T	R	K	I	F	I	N	P	R	C	W	S	H	X	A	Y	W	S	F	Q	F	T	G	L
T	R	E	B	G	Q	W	A	G	E	N	L	A	D	U	N	G	S	V	E	R	K	E	H	R
T	A	I	A	M	U	X	S	E	S	V	I	E	R	J	S	J	W	X	I	W	L	F	R	G
S	G	B	G	C	K	K	F	F	R	A	C	H	T	F	U	E	H	R	E	R	P	D	T	H
R	A	E	O	Z	Z	B	O	Y	V	D	S	P	S	I	T	D	R	B	C	V	A	T	P	J
E	M	N	U	U	H	O	W	O	X	O	P	A	A	V	Y	K	Z	V	P	Q	R	U	K	P
C	H	O	G	Q	A	E	D	R	U	K	E	E	P	D	I	L	H	N	A	V	T	S	T	A
H	E	F	E	S	L	X	U	U	N	U	D	C	D	A	O	B	F	B	G	Y	I	V	R	K
T	G	R	V	K	U	A	D	V	A	M	I	K	D	Q	C	H	P	V	U	N	K	A	J	E
N	A	C	H	N	A	H	M	E	B	E	T	C	G	O	Y	W	I	B	M	P	U	L	B	T
L	W	N	N	M	R	K	G	M	P	N	E	H	B	Y	M	O	T	N	E	L	L	L	K	O
I	W	I	V	T	D	F	M	H	I	T	U	E	K	R	K	D	R	E	I	X	I	E	A	N
S	E	L	B	S	T	B	U	C	H	E	R	N	K	K	H	H	Q	K	Q	I	E	Q	J	A
V	O	L	I	E	G	E	G	E	L	D	O	T	U	E	G	N	K	Y	L	K	R	J	K	I

Die Wörter bedeuten:

1. Pflicht des Spediteurs: _____

2. Recht des Spediteurs: _____

3. Güterverkehrsart, bei der große Warenmengen (vor allem Schüttgüter) mit der Bahn transportiert werden:

_____

4. Die Warenströme werden detailliert beobachtet: _____

LERNFELD 6

LOGISTISCHE PROZESSE PLANEN, STEUERN UND KONTROLLIEREN

5. führt den Transport der Ware durch: _____

6. wird zwischen Frachtführer und Großhändler geschlossen: _____

7. bei der Post Pakete sogar mit mehr als 20 kg verschicken (bis max. 31,5 kg):

_____

8. besondere Versendungsform der Post: _____

9. selbstständiger Einzelschiffer: _____

10. Gütertransport durch unternehmenseigene Fahrzeuge zu unternehmenseigenen Zwecken:

_____

11. Frachtpapier in der Binnenschifffahrt: _____

12. werden hauptsächlich von Kurierdiensten transportiert: _____

13. organisiert den Transport von Waren: _____

14. Einzug von Geldbeträgen durch die Post: _____

15. Gegenstände aller Art bis max. 2 kg können damit bei der Post verschickt werden: _____

16. Entschädigung für die Überschreitung der Ladezeit: _____

17. Die Post haftet im Verlustfall bis max. 500,00 €: _____

18. Anzahl der Ausfertigungen beim Bahnfrachtbrief: _____

19. Anzahl der Ausfertigungen beim Luftfrachtbrief: _____

Zur weiteren Vertiefung der Lerninhalte und Sicherung der Lernergebnisse empfehlen wir die Bearbeitung der Aufgaben und Aktionen im Kapitel 17 (Wir versenden Güter mit der Post) des Lernfeldes 6 in Ihrem Lehrbuch „Groß im Handel, 2. Ausbildungsjahr".

10 Wir wenden das Just-in-time-Prinzip an

HANDLUNGSSITUATION

Während seiner Mittagspause liest Herr Werner die Tageszeitung. Dort fallen ihm mehrere Artikel ins Auge. Herr Werner hat die Zeitungsartikel sehr genau studiert. Beim Lesen haben sich bei ihm weitere Fragen bezüglich des Just-in-time-Konzepts ergeben. Während eines Gangs durch das Lager überlegt er, inwieweit es möglich bzw. sinnvoll ist, das Just-in-time-Konzept in der Spindler KG einzuführen. Weiterhin macht er sich Gedanken über eine verbesserte bzw. optimierte Lagerhaltung, die langfristig kostensparend ist. Für das Gespräch mit dem Chef will sich Herr Werner gründlich vorbereiten, darum bittet er Anja Kruse um einen schriftlichen Entwurf, der wesentliche Informationen enthält.

HANNOVER-KURIER
Larstadt aus den roten Zahlen

Sanierung des Warenhauses *Larstadt* gelungen!
Woran keiner mehr geglaubt hat, ist der Geschäftsleitung des Warenhauskonzerns Larstadt gelungen. Durch eine rasante Kostenreduzierung hat es das Unternehmen geschafft, aus den roten Zahlen herauszukommen. Wie der Geschäftsführer mitteilte, hat das im Sommer letzten Jahres eingeführte Just-in-time-Konzept zur Senkung der Kosten innerhalb des Unternehmens beigetragen. Ziel des Just-in-time-Konzepts ist es, die Beschaffung und die Bereitstellung der Waren so zu organisieren, dass die Lagerbestände auf ein Minimum reduziert werden können. Dennoch ist eine Erfüllung der Käuferwünsche jederzeit gewährleistet. Der Geschäftsführer von Larstadt hat in einem Interview dargelegt, wie er diesen Konflikt für sein Unternehmen gelöst hat. Aufgrund der partnerschaftlichen Beziehung zu seinen Lieferanten konnte der Geschäftsführer erreichen, dass diese ihm auf Abruf die benötigte Ware innerhalb kürzester Zeit liefern. Durch häufigere Lieferung kleinerer Mengen kann der Lagerbestand auf ein extrem niedriges Niveau abgesenkt werden. Die gelieferte Ware wird sofort im Verkaufsraum gelagert bzw. für den Verkauf bereitgestellt. Das EDV-gestützte Warenwirtschaftssystem, das bereits seit mehreren Jahren im Unternehmen installiert ist, dient schließlich der schnelleren Informationsvermittlung über vorhandene Bestände und erforderliche Neubestellungen. Die früher relativ hohe Lagerhaltung konnte also durch das Just-in-time-Konzept mit Unterstützung des EDV-gestützten Warenwirtschaftssystems abgebaut werden. Ein Konzept zum Nachmachen empfohlen?   Sgo

Lkws überrollen das Land

Auf deutschen Straßen rollt der Verkehr. Doch was des einen Freud, ist des anderen Leid. Während Industrie und Handel auf den Transportverkehr angewiesen sind, klagen nicht nur Umweltschützer über die Zunahme der Lastkraftwagen im Straßenverkehr. Schon seit Längerem wird eine umfassende Verlagerung des Gütertransports auf die Schiene gefordert, doch bislang ohne großen Erfolg. Mit der Einführung des Just-in-time-Konzepts und seiner zunehmenden Verbreitung hat der Gütertransport auf der Straße weiter zugenommen. Die von den Lkws überfüllten Straßen sorgen für Staus und lange Wartezeiten, sodass häufig Lieferungen nicht pünktlich eintreffen. Für Industrie und Handel bieten moderne Logistikkonzepte wie Just in time durchaus große Vorteile. Unter ökologischen und verkehrspolitischen Gesichtspunkten ist das Just-in-time-Konzept dagegen durchaus kritisch zu bewerten. Sicher ist, dass eine Lösung für das dargestellte Problem gefunden werden muss, um langfristig einen Verkehrskollaps zu vermeiden und Umweltschäden so gering wie möglich zu halten.   Jec

Informationen zum Lösen der folgenden Handlungsaufgaben finden Sie im Lehrbuch „Groß im Handel, 2. Ausbildungsjahr" in den Kapiteln 19 (Wir wenden das Just-in-time-Prinzip an) und 20 (Wir verwenden EDV-gestützte Logistiksysteme im Rahmen des Supply-Change-Managements) des Lernfeldes 6.

LERNFELD 6

LOGISTISCHE PROZESSE PLANEN, STEUERN UND KONTROLLIEREN

HANDLUNGSAUFGABEN

1. Beschreiben Sie das Just-in-time-Konzept für den Handel.

2. Listen Sie die Chancen und die Risiken auf, die sich mit der Einführung des Just-in-time-Konzepts für die Spindler KG ergeben können. Die Informationen hierfür finden Sie auch in den Zeitungsartikeln.

Chancen	Risiken

3. Bilden Sie sich eine eigene Meinung über die Aufnahme des Just-in-time-Konzepts in der Spindler KG.

4. Geben Sie an, ob in Ihrem Ausbildungsunternehmen auch das Just-in-time-Prinzip angewandt wird.

VERTIEFUNGS- UND ANWENDUNGSAUFGABEN

1. Erläutern Sie die folgenden Begriffe aus dem Bereich der Logistik.

Begriff	Erläuterung
Supply-Chain	
Supply-Chain-Management	
ECR (Efficient Consumer-Response-Verfahren)	
Vendor Management Inventory	
EDV-gestützte Logistiksysteme	
Serial shipping Container Code	
Total-Quality-Management	

Zur weiteren Vertiefung der Lerninhalte und Sicherung der Lernergebnisse empfehlen wir die Bearbeitung der Aufgaben und Aktionen im Kapitel 19 (Wir wenden das Just-in-time-Prinzip an) des Lernfeldes 6 Ihres Lehrbuches „Groß im Handel, 2. Ausbildungsjahr".

LERNFELD 7 — GESAMTWIRTSCHAFTLICHE EINFLÜSSE AUF DAS GROSS- UND AUSSENHANDELSUNTERNEHMEN ANALYSIEREN

1 Wir kennen die Merkmale verschiedener Wirtschaftsordnungen

HANDLUNGSSITUATION

Kurz vor Beginn des Betriebsunterrichts:

Anja Kruse: „Ihr glaubt es nicht, was bei uns in der Verkaufsabteilung passiert ist. Nur eine kleine Lieferung – aber wohin, das ist das Besondere: nach Nordkorea!!! Wie die auf uns kommen, fragen sich alle in der Verkaufsabteilung …"

Martin Solms: „Wieso ist das was Besonderes?"

Anja Kruse: „Nordkorea hat eine Wirtschaftsordnung, die ganz anders ist als bei uns in Deutschland oder in der EU: nämlich eine Art Zentralverwaltungswirtschaft."

Martin Solms: „Was ist das überhaupt: Wirtschaftsordnung, Zentralverwaltungswirtschaft?"

Anja Kruse: „Ich glaube, das ist … Ah, da kommt gerade Frau Schrader. Frau Schrader, können wir zu Beginn des Betriebsunterrichts mal die Begriffe Wirtschaftsordnung und Zentralverwaltungswirtschaft klären?"

Frau Schrader: „Ja, ich habe schon von dem Nordkoreaauftrag gehört und habe mich darauf eingestellt. Mit einem Unternehmen aus einer Zentralverwaltungswirtschaft Handel zu treiben, stellt ein Unternehmen vor andere Herausforderungen als mit einem Unternehmen aus einer freien Marktwirtschaft. Ich habe euch einmal einen Artikel zum Wirtschaftssystem in Nordkorea mitgebracht. In einem zweiten Artikel wird das genaue Gegenteil der Zentralverwaltungswirtschaft beschrieben: die freie Marktwirtschaft, wie es sie in Ansätzen in früheren Jahrhunderten gab. Und dann haben wir da noch die soziale Marktwirtschaft, die bei uns angestrebt wird … die musste Herr Treuend auf einer Auslandsmesse gegenüber einem nordkoreanischen Funktionär mal verteidigen …"

[…] Nordkoreas Wirtschaftsordnung ist gänzlich anders als die europäische Wirtschaftsordnung. Die Wirtschaftsordnung ist eine Zentralverwaltungswirtschaft. Die Wirtschaft ist straff durch zentrale Pläne organisiert. Die politische Ideologie Nordkoreas heißt Chuchè: Das Land soll komplett auf Selbstversorgung hin ausgerichtet werden. Der Staat besitzt und beherrscht alle Industriebetriebe sowie die Landwirtschaft. Einseitig setzt Nordkorea auf die militärisch bedeutsame Schwerindustrie. Handel und Produktion von Konsumgütern werden vernachlässigt. Die politische Führung Nordkoreas hat den Anspruch, die Bedürfnisse der Menschen besser zu kennen und befriedigen zu können als diese selbst. Eine einzelne Person kann nicht einfach mehrere Autos oder andere Luxusgüter kaufen, dann würde der Plan nicht aufgehen. Zwischen den Betrieben gibt es auch keinen Wettbewerb, im Gegenteil: Dieser würde bei der Planerfüllung nur stören. […]

WIR KENNEN DIE MERKMALE VERSCHIEDENER WIRTSCHAFTSORDNUNGEN

Im 19. Jahrhundert gab es grundlegende technische, wirtschaftliche und gesellschaftliche Veränderungen in vielen europäischen Ländern. Zahlreiche Erfindungen, wie z.B. die Dampfmaschine, ermöglichten das Ersetzen von Menschenkraft durch Maschinenkraft. Es begann dadurch das Zeitalter der Industrie. Durch die industrielle Revolution gab es nicht nur Veränderungen im technischen und gesellschaftlichen, sondern auch im geistigen Bereich. Der Liberalismus (lat.: liber = frei) wurde allmählich zur beherrschende Philosophie: Diese forderte mehr Freiheit für jeden einzelnen Menschen. Der Staat sollte nur dann eingreifen, wenn es unbedingt nötig sei. Der Staat sollte die Bürger nur schützen vor Feinden aus dem In- und Ausland. Der Staat sollte sich nach dem Grundsatz „laissez faire, laissez aller" (etwa: lasst alles gehen, wie es geht) richten. Diese völlige Freiheit vom Staate sollte auch für die Wirtschaft gelten. Die Wirtschaft sollte sich durch die Gesetze des Marktes (also durch Angebot und Nachfrage, Gewinnstreben und Wettbewerb) selbst steuern. Durch diese Befreiung von der staatlichen Gewalt war es im System der freien Marktwirtschaft möglich, dass sich die Unternehmer frei entfalten und alle Möglichkeiten des Marktes ausnutzen konnten. In vielen Fällen konnten dadurch bessere und mehr Güter produziert werden. Wegen der riesigen Gewinne vermehrten Unternehmer häufig ihr Eigentum an Kapital. Deshalb wird die freie Marktwirtschaft auch als kapitalistisches Wirtschaftssystem bezeichnet. Oft wurde die Freiheit jedoch auch ausgenutzt: Es gab einen gnadenlosen Verdrängungswettbewerb unter den Unternehmen, von denen viele aus dem Markt gedrängt wurden. Manchmal blieb nur ein Unternehmen am Markt. Als Monopolist konnte dieses die Preise selbst festlegen, ohne die Nachfrage beachten zu müssen, und so seine Gewinne maximieren. Die Arbeitnehmer wurden extrem schlecht bezahlt. Es kam zu Kinderarbeit […]

Informationen zum Lösen der folgenden Handlungsaufgaben finden Sie im Lehrbuch „Groß im Handel, 2. Ausbildungsjahr" im Kapitel 1 (Als Großhandelsunternehmen sind wir Teilnehmer der sozialen Marktwirtschaft) des Lernfeldes 7.

HANDLUNGSAUFGABEN

1. Stellen Sie fest, vor welchem Problem die Spindler KG steht.

2. Erläutern Sie den Begriff „Idealtypische Wirtschaftsordnung".

LERNFELD 7 — GESAMTWIRTSCHAFTLICHE EINFLÜSSE AUF DAS GROSS- UND AUSSENHANDELSUNTERNEHMEN ANALYSIEREN

3. Arbeiten Sie die grundlegenden Unterschiede zwischen den beiden idealtypischen Wirtschaftsordnungen Zentralverwaltungswirtschaft und Freie Marktwirtschaft heraus.

	Zentralverwaltungswirtschaft	Freie Marktwirtschaft
Wer lenkt die Wirtschaft?		
Wie ist die Rolle des Staates?		
Wem gehören die Produktionsmittel?		
Was ist Ziel der Unternehmen?		
Wie sieht die Preisbildung aus?		
Wie ist die Entscheidungsfreiheit von Betrieben und Haushalten?		
Wie sieht der Außenhandel aus?		

4. Erläutern Sie die soziale Marktwirtschaft.

_____

_____

_____

5. Geben Sie an, mit welchen Mitteln der Staat in der sozialen Marktwirtschaft zum Schutz wirtschaftlich Schwächerer in das Wirtschaftsgeschehen eingreift.

Wirtschaftspolitische Mittel des Staates	Erläuterung

6. Herr Treuend diskutiert mit einem nordkoreanischen Funktionär, der das Modell der sozialen Marktwirtschaft angreift. Argumentieren Sie für die soziale Marktwirtschaft.

VERTIEFUNGS- UND ANWENDUNGSAUFGABEN

1. Silbenrätsel zum Thema „Soziale Marktwirtschaft"

A – AL – AR – BEITS – BENS – CHE – CHER – DARD – DER – EIN – ENT – ER – FER – FORT – GE – GE – GE – GELD – GELD – GELD – GELD II – GELT – HEIT – IN – KEIT – KIN – KOM – LE – LE – LI – LO – LUNGS – LUNGS – ME – MEN – MUT – NUNG – ON – ORD – PO – PRIN – RECH – RUNGS – SCHAFTS – SCHUTZ – SEN – SETZ – SETZ – SI – SI – SO – SO – STAATS – STAN – STEU – SYS – TE – TEI – TER – TER – TI – TIG – TIK – TRANS – VEN – VER – WIRT – WOHN – ZAH – ZI – ZI – ZIP

1. Wie wird die primäre Einkommensverteilung genannt, durch die der Staat gezielt in den Markt eingreift?

2. Höhe der Bedürfnisse:

LERNFELD 7 — GESAMTWIRTSCHAFTLICHE EINFLÜSSE AUF DAS GROSS- UND AUSSENHANDELSUNTERNEHMEN ANALYSIEREN

3. das wichtigste Umverteilungsinstrument:

4. Erscheinungsform einer Volkswirtschaft:

5. Übertragung finanzieller Leistungen des Staats an andere Wirtschaftsteilnehmer ohne direkte Gegenleistung:

6. Wie heißt das Bestreben der sozialen Marktwirtschaft, Jedem das Eine zuteilwerden zu lassen?

7. Hauptmotiv der sozialen Marktwirtschaft, das Geschütztsein und Gefahrlosigkeit fordert:

8. Das soziale Netz wird durch Maßnahmen und Einrichtungen aufrechterhalten. Ein anderes Wort dafür:

9. Wie heißt der im Grundgesetz verankerte Gedanke der sozialen Marktwirtschaft?

10. anderes Wort für „Eingriff":

11. das Gesetz, das im Falle einer Krankheit dem Arbeitnehmer die Fortzahlung seines Gehalts sichert:

12. das Gesetz für den Erhalt des Arbeitsplatzes einer Mutter:

13. ein Instrument der Verteilungspolitik:

14. staatliche Unterkunftszahlungen:

15. finanzielle Unterstützung für Kinder an die Eltern:

Zur weiteren Vertiefung der Lerninhalte und Sicherung der Lernergebnisse empfehlen wir die Bearbeitung der Aufgaben und Aktionen im Kapitel 1 (Als Großhandelsunternehmen sind wir Teilnehmer der sozialen Marktwirtschaft) des Lernfeldes 7 Ihres Lehrbuches „Groß im Handel, 2. Ausbildungsjahr".

WIR INFORMIEREN UNS ÜBER DIE MECHANISMEN DER PREISBILDUNG

2 Wir informieren uns über die Mechanismen der Preisbildung

HANDLUNGSSITUATION

Die Weinberg AG ist der größte Mitbewerber der Spindler KG in der Region Hannover. Nach einer in Auftrag gegebenen Marktanalyse sinkt der Marktanteil der Spindler KG zunehmend zugunsten der Weinberg AG.

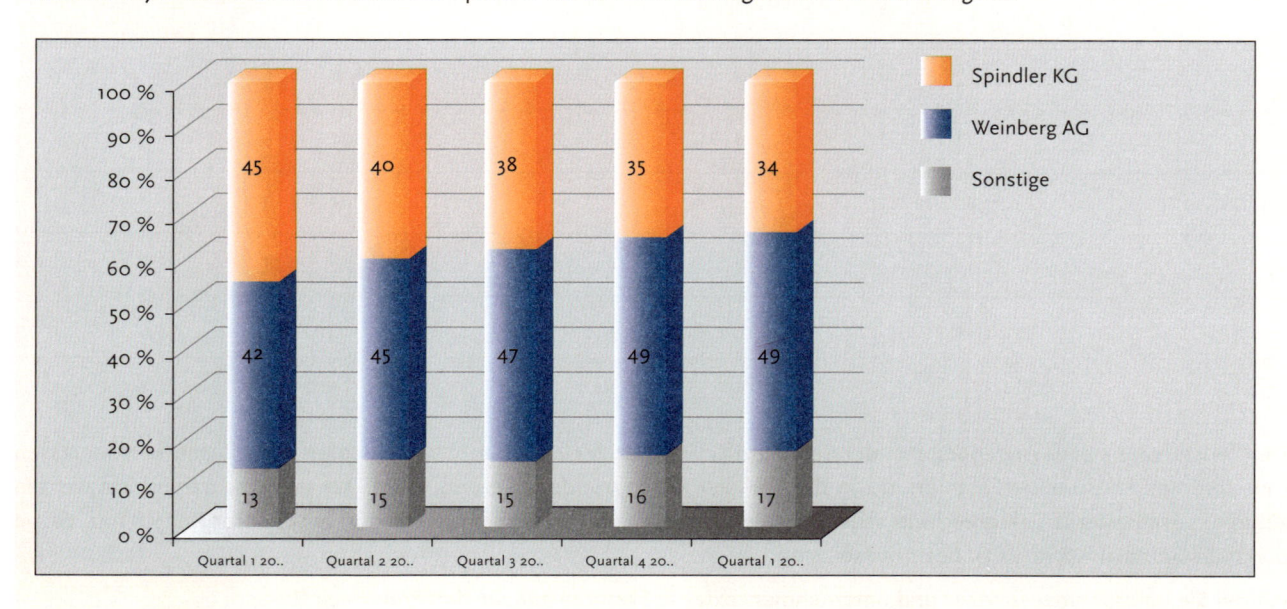

Quartal	Spindler KG	Weinberg AG	Sonstige
Quartal 1 20..	45	42	13
Quartal 2 20..	40	45	15
Quartal 3 20..	38	47	15
Quartal 4 20..	35	49	16
Quartal 1 20..	34	49	17

Dies ist, so die Ergebnisse der Studie, im starken Umfang auf die aggressive Preispolitik der Weinberg AG zurückzuführen.

Herr Bernd Trumpf, der Leiter des Funktionsbereichs Verkauf/Absatz der Spindler KG, befürchtet aufgrund der Preisaktionen der Weinberg AG weitere Einbußen im Absatz. Um dies abzuwenden, bittet er die Auszubildenden Anja Kruse und Thomas Zimmermann, über eine eigene Preisaktion z. B. im Marktsegment Herrensportbekleidung der Marke „Surfers Paradise" nachzudenken.

Thomas macht nach ersten kurzen Überlegungen prompt den Vorschlag, die betroffenen Produkte aus dem Sortiment der Spindler KG im Preis zu senken. Damit dies möglichst eindrucksvoll und kundenwirksam ist, möchte er die Preise der Konkurrenz um mindestens 20 % unterbieten.

Herr Trumpf ist über diesen Vorschlag erschrocken: „So einfach geht das nicht. Nach einer Überschlagsrechnung würde die Spindler KG mit dem Verkauf der Marke „Surfers Paradise" dann einen Verlust machen. Dies würde einem wirtschaftlichen Totalschaden gleichkommen und den Marktanteil nur kurzzeitig verbessern", wirft er ein.

Außerdem sei die Auswirkung einer solchen Preisaktion auf andere Artikel im Sortiment der Spindler KG gar nicht absehbar und in dem Vorschlag bedacht. Er bittet die beiden daher, sich noch einmal genauer mit der Thematik zu befassen und ihm am Nachmittag dann erneut zu berichten. Hierfür sollen sie sich bewusst machen, welche Faktoren einen Preis langfristig beeinflussen, welche Aufgaben ein Preis an einem Markt hat, wie ein solcher Preis zustande kommt und wo in dieser Preisbildung überhaupt der Gewinn der Spindler KG abgebildet wird.

Informationen zum Lösen der folgenden Handlungsaufgaben finden Sie im Lehrbuch „Groß im Handel, 2. Ausbildungsjahr" in Kapitel 2 des Lernfeldes 7 (Wir informieren uns über die Mechanismen der Preisbildung).

LERNFELD 7

GESAMTWIRTSCHAFTLICHE EINFLÜSSE AUF DAS GROSS- UND AUSSENHANDELSUNTERNEHMEN ANALYSIEREN

HANDLUNGSAUFGABEN

1. Ermitteln Sie, welche Aufgaben die Auszubildenden der Spindler KG zu erledigen haben.

2. Der Verkaufspreis bzw. Angebotspreis der Spindler KG wird durch eine Vielzahl von Faktoren beeinflusst. Hierbei lassen sich unternehmensinterne Faktoren, die in der Spindler KG begründet sind und von dieser teilweise beeinflusst werden können, sowie externe Faktoren unterscheiden. Gerade diese externen Faktoren sind von besonderer Bedeutung, da sie durch die Spindler KG nicht zu beeinflussen sind.

Führen Sie unternehmensinterne und unternehmensexterne Faktoren auf, die den Preis beeinflussen.

Unternehmensinterne Faktoren	Unternehmensexterne Faktoren

3. Neben den zuvor erarbeiteten Faktoren spielt auch der Aufbau des Marktes (Marktstruktur) eine entscheidende Rolle für die Preisbildung. **Charakterisieren Sie in dem folgenden Lösungsfeld das Polypol als häufig auftretende Marktform.**

WIR INFORMIEREN UNS ÜBER DIE MECHANISMEN DER PREISBILDUNG

4. Vervollständigen Sie mithilfe des Lehrbuches den folgenden Überblick über die Preisbildung, bezogen auf die Spindler KG.

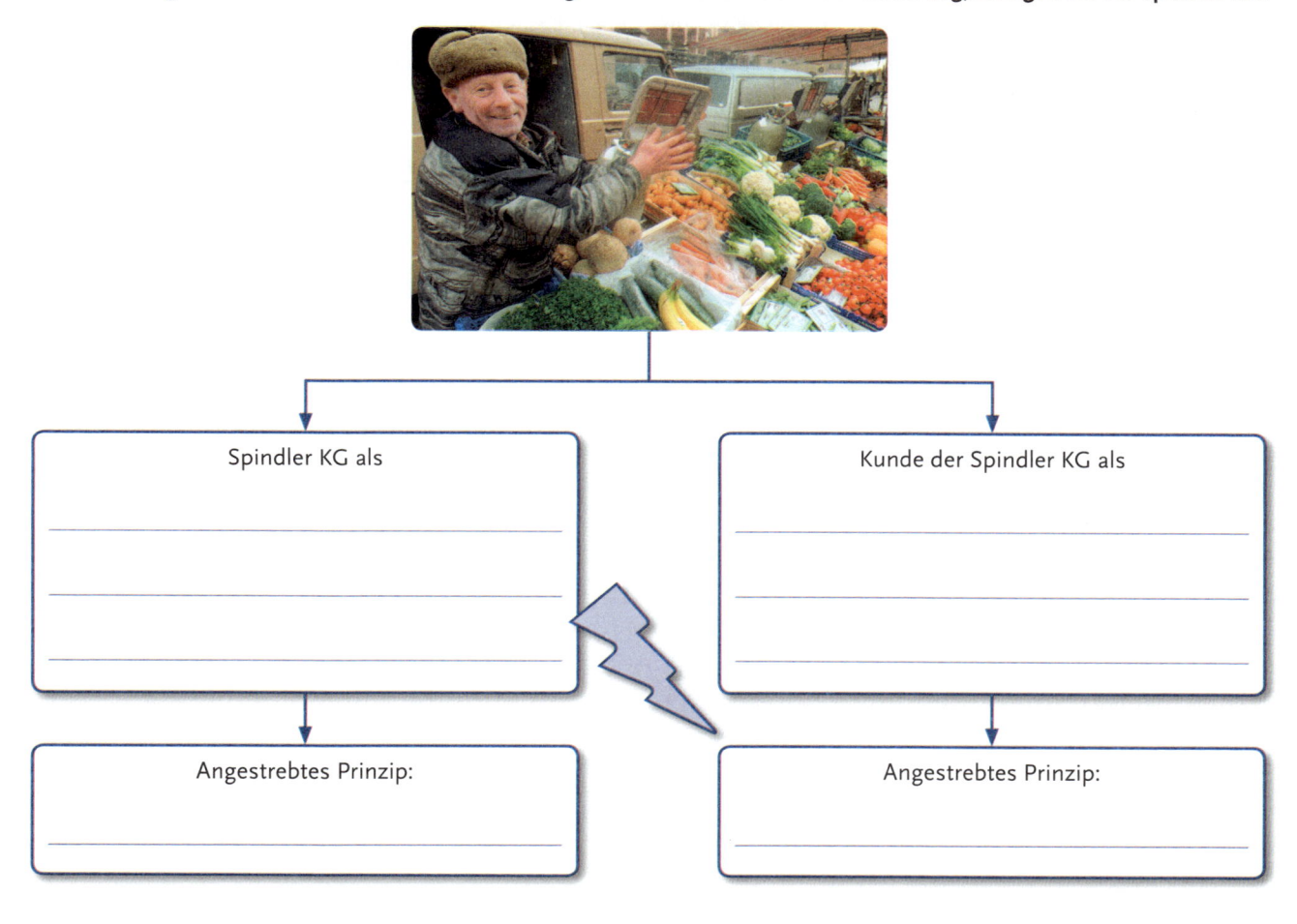

Spindler KG als
_____
_____
_____

Kunde der Spindler KG als
_____
_____
_____

Angestrebtes Prinzip:
_____

Angestrebtes Prinzip:
_____

5. Erläutern Sie das von Ihnen erstellte Schaubild. Strukturieren Sie Ihre Lösung, indem Sie in der vorgegebenen Reihenfolge und unter Bezug auf die Handlungssituation auf die folgenden Begriffe eingehen:

Markt – Spannungsverhältnis – Preisbildung (Angebot/Nachfrage)

_____
_____
_____
_____
_____
_____
_____
_____
_____
_____

LERNFELD 7 GESAMTWIRTSCHAFTLICHE EINFLÜSSE AUF DAS GROSS- UND AUSSENHANDELSUNTERNEHMEN ANALYSIEREN

6. Am Markt treffen das Angebot der Spindler KG und die Nachfrage der Kunden aufeinander. Stellen Sie in der angeführten Tabelle das Verhalten der Nachfrager und Anbieter unter Abhängigkeit des Preises dar.

Lesen Sie hierzu die jeweiligen Preise (P1 – P3) und die dazugehörigen Mengen aus den Diagrammen auf Seite 230 Ihres Lehrbuches ab.

Akteur	Kunden (Nachfrager)			Spindler KG (Anbieter)		
Preis						
Menge						

7. Welche konkreten Rückschlüsse können Sie aufgrund der in Handlungsaufgabe 6 erarbeiteten Ergebnisse auf das Angebots- bzw. Nachfrageverhalten der jeweiligen Marktteilnehmer ziehen?

Begründen Sie Ihre Rückschlüsse mithilfe der konkreten Zahlenbeispiele aus der Tabelle.

_____
_____
_____
_____
_____
_____
_____
_____
_____
_____
_____
_____
_____

8. Vervollständigen Sie den folgenden Überblick, um sich das Verhalten von Anbietern und Nachfragern zu verdeutlichen.

	Anbieter (u. a. die Spindler KG)	Nachfrager
Je höher der Preis eines bestimmten Gutes,	desto	desto
Je niedriger der Preis eines bestimmten Gutes,	desto	desto

WIR INFORMIEREN UNS ÜBER DIE MECHANISMEN DER PREISBILDUNG

9. Vervollständigen Sie mithilfe Ihres Lehrbuches die folgende Grafik mit den entsprechenden Fachbegriffen und erläutern Sie diese in der Tabelle mit eigenen Worten. Beziehen Sie sich dabei auch auf die jeweilige Situation der Spindler KG.

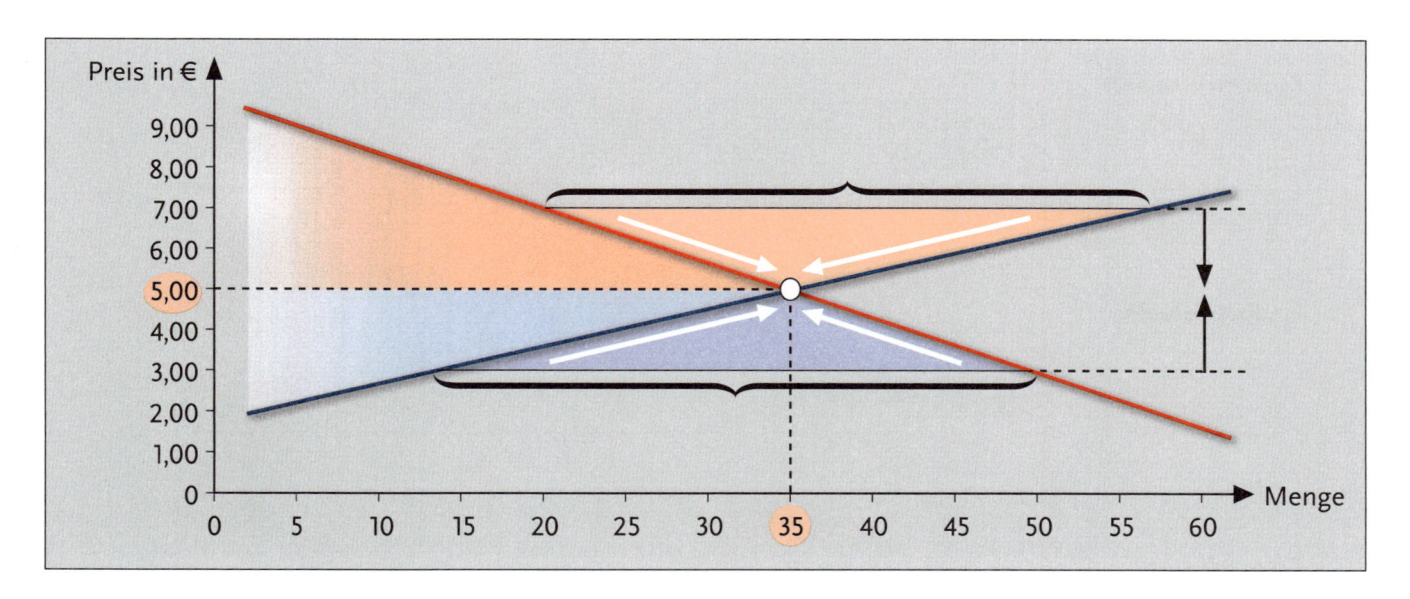

Fachbegriff	Definition/Bedeutung
Angebots-/ Nachfragekurve	
Käufermarkt	
Verkäufermarkt	
Gleichgewichtspreis/ -menge	

LERNFELD 7 — GESAMTWIRTSCHAFTLICHE EINFLÜSSE AUF DAS GROSS- UND AUSSENHANDELSUNTERNEHMEN ANALYSIEREN

Fachbegriff	Definition/Bedeutung
Konsumentenrente	
Produzentenrente	
Grenzanbieter	

10. Anja und Thomas haben bereits allgemeine Kriterien für die Preisbestimmung herausgesucht. Auch das Prinzip von Angebot und Nachfrage haben die Auszubildenden mit in die Preisbildung einbezogen.

Allerdings ist Anja Kruse noch verwirrt, weil sie nicht versteht, was es mit diesen Anpassungsprozessen auf sich hat. Thomas versucht es ihr anhand von Skizzen zu erklären. **Schreiben Sie seine Erläuterung auf.**

Situation	Verhalten des Marktes sowie des Preises	Skizze der Angebots- und Nachfragefunktion
1. Das Angebot der Großhändler ist größer als die Nachfrage der Kunden.		
2. Das Angebot wird durch die Anbieter (Großhändler) erhöht. Die Nachfrage ändert sich nicht.		

160

WIR INFORMIEREN UNS ÜBER DIE MECHANISMEN DER PREISBILDUNG

Situation	Verhalten des Marktes sowie des Preises	Skizze der Angebots- und Nachfragefunktion
3. Das Angebot wird durch die Anbieter (Großhändler) verringert. Die Nachfrage ändert sich nicht.		
4. Die Nachfrage ist größer als das Angebot.		
5. Die Nachfrage wird durch die Nachfrager verringert. Das Angebot ändert sich nicht.		
6. Die Nachfrage wird durch die Nachfrager erhöht. Das Angebot ändert sich nicht.		
7. Angebot und Nachfrage auf dem Markt entsprechen sich.		

LERNFELD 7 — GESAMTWIRTSCHAFTLICHE EINFLÜSSE AUF DAS GROSS- UND AUSSENHANDELSUNTERNEHMEN ANALYSIEREN

11. Überlegen Sie sich nun mit Ihren neu erworbenen Kenntnissen Aspekte, die bei der Vorbereitung einer Preisaktion für Produkte der Marke „Surfers Paradise" zu beachten wären, und stellen Sie diese anschließend Herrn Trumpf vor.

VERTIEFUNGS- UND ANWENDUNGSAUFGABEN

Zur weiteren Vertiefung der Lerninhalte und Sicherung der Lernergebnisse empfehlen wir die Bearbeitung der Aufgaben und Aktionen in Kapitel 2 des Lernfeldes 7 (Wir informieren uns über die Mechanismen der Preisbildung) Ihres Lehrbuches „Groß im Handel, 2. Ausbildungsjahr".

3 Wir nutzen Kooperationen im Großhandel

HANDLUNGSSITUATION

In einem Artikel zur Monatsfrage des HDE-Handelskonjunkturindex (HANDELSkix) liest der Inhaber der Spindler KG, Herr Spindler:

Einkaufskooperationen sind im Handel unentbehrlich

Im Handel haben sich in den vergangenen Jahrzehnten zahlreiche Kooperationsformen entwickelt. Verbundgruppen und Genossenschaften bieten ihren Mitgliedern zahlreiche Leistungen, die eine umfassende Unterstützung in nahezu allen unternehmerischen Themenfeldern sicherstellen. Die Juli-Ergebnisse des HANDELSkix zeigen, dass bereits 60 Prozent der deutschen Einzelhändler hierauf zurückgreifen und Mitglied in einer Kooperation sind. Dabei beteiligen sich rund 55 Prozent in einer klassischen Verbundgruppe. Fünf Prozent der HANDELSkix-Teilnehmer sind Franchisenehmer und nutzen die Möglichkeit, auf bereits bestehende, vollständige Betriebskonzepte zurückzugreifen.

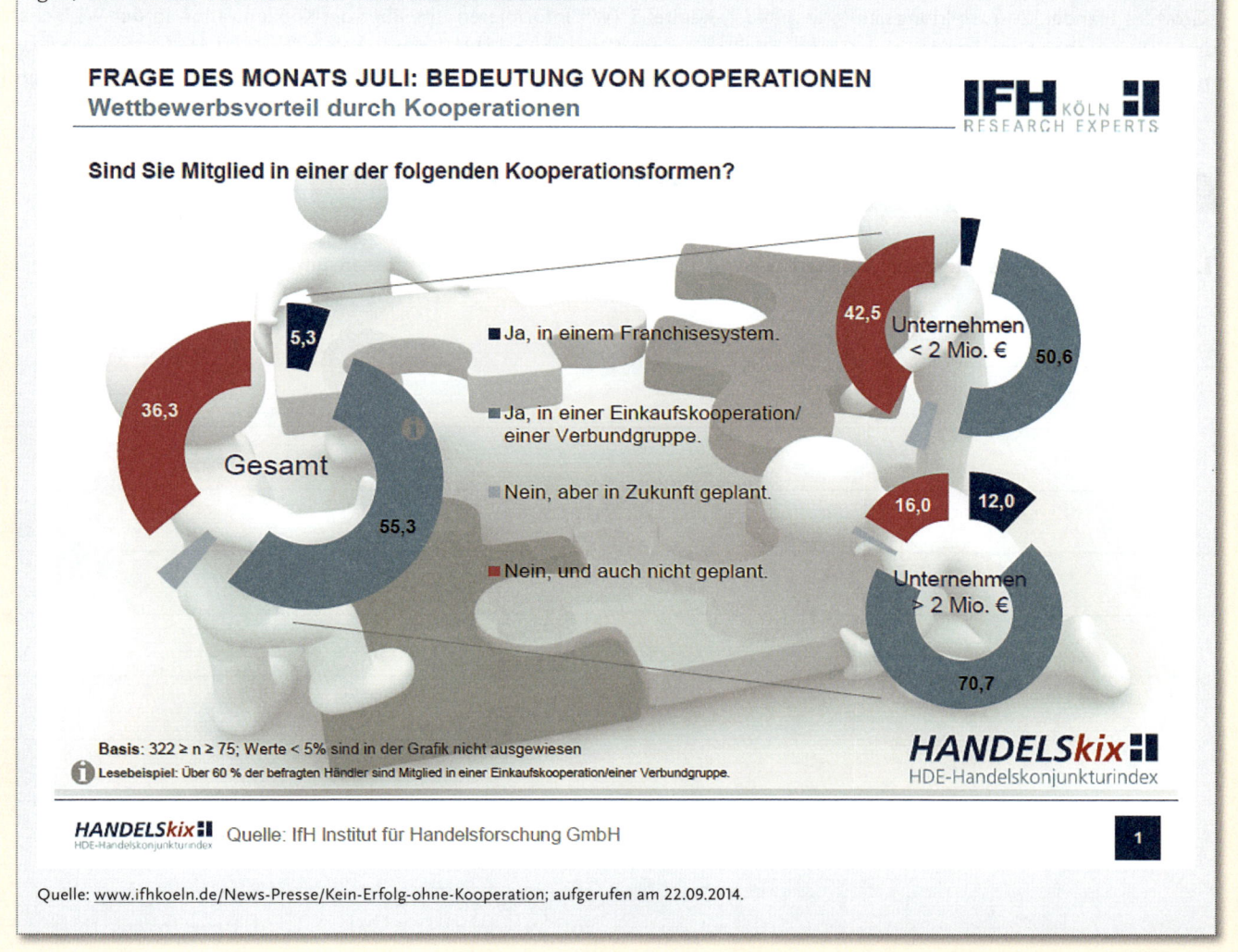

FRAGE DES MONATS JULI: BEDEUTUNG VON KOOPERATIONEN
Wettbewerbsvorteil durch Kooperationen

Sind Sie Mitglied in einer der folgenden Kooperationsformen?

- Ja, in einem Franchisesystem.
- Ja, in einer Einkaufskooperation/einer Verbundgruppe.
- Nein, aber in Zukunft geplant.
- Nein, und auch nicht geplant.

Gesamt: 5,3 / 55,3 / 36,3
Unternehmen < 2 Mio. €: 42,5 / 50,6
Unternehmen > 2 Mio. €: 16,0 / 12,0 / 70,7

Basis: 322 ≥ n ≥ 75; Werte < 5% sind in der Grafik nicht ausgewiesen
Leseibeispiel: Über 60 % der befragten Händler sind Mitglied in einer Einkaufskooperation/einer Verbundgruppe.

HANDELSkix – HDE-Handelskonjunkturindex
Quelle: IfH Institut für Handelsforschung GmbH

Quelle: www.ifhkoeln.de/News-Presse/Kein-Erfolg-ohne-Kooperation; aufgerufen am 22.09.2014.

LERNFELD 7 — GESAMTWIRTSCHAFTLICHE EINFLÜSSE AUF DAS GROSS- UND AUSSENHANDELSUNTERNEHMEN ANALYSIEREN

Durch die zunehmend hohe Beteiligung von Großhandelsbetrieben an Verbundgruppen wird die Wettbewerbsfähigkeit kleiner und mittlerer selbstständiger Großhändler geschwächt. Dem kann der kleine und mittlere selbstständige Großhandel nur mit einer umfassenden Leistungsstärkung im Rahmen von Kooperationsverbänden entgegenwirken.

Die Auswirkungen der hohen Beteiligung von Großhandelsbetrieben an Verbundgruppen auf ihre Wettbewerbsfähigkeit spürt auch die Spindler KG. Herr Spindler überlegt deshalb, ob sich die Spindler KG zur Verbesserung ihrer Wettbewerbsfähigkeit als Mitglied an einem Kooperationsverband beteiligen sollte.

Besonders für die Warengruppen „Damenoberbekleidung", „Herrenoberbekleidung" und „Haushaltswäsche" seines Unternehmens sieht Herr Spindler hier Handlungsbedarf.

Er bittet deshalb die Leiter der Abteilungen Beschaffung und Verkauf, Herrn Treuend und Herrn Trumpf, ihm Kooperationsmöglichkeiten vorzuschlagen, die die Wettbewerbsfähigkeit der Spindler KG bei den Warengruppen „Damenoberbekleidung", „Herrenoberbekleidung" und „Haushaltswäsche" verbessern können.

Nutzen Sie zur Lösung der Handlungsaufgaben die Informationen zu Kooperationen im Großhandel in Ihrem Lehrbuch „Groß im Handel, 2. Ausbildungsjahr", Lernfeld 7, Kapitel 3 (Wir informieren uns über die Konzentration in der Wirtschaft) und 4 (Wir nutzen Kooperationen im Großhandel) sowie die Webseite des Mittelstandsverbunds – ZGV e.V. im Internet (www.mittelstandsverbund.de/Verband/Mitglieder/In-bester-Gesellschaft-Die-Mitglieder-und-Foerdermitglieder-des-ZGV-K114.htm).

HANDLUNGSAUFGABEN

1. Beschreiben Sie die Tätigkeiten, die Herr Treuend und Herr Trumpf durchführen müssen, um den Auftrag von Herrn Spindler zu erfüllen.

2. Unterscheiden Sie die in der Handlungssituation genannten Kooperationen.

3. Erstellen Sie eine Übersicht möglicher Leistungen der Verbundgruppen für ihre Mitglieder.

LERNFELD 7 GESAMTWIRTSCHAFTLICHE EINFLÜSSE AUF DAS GROSS- UND AUSSENHANDELSUNTERNEHMEN ANALYSIEREN

4. Stellen Sie die Vorteile zusammen, die sich für die Spindler KG durch eine Beteiligung an einem Einkaufskontor ergeben können.

_____
_____
_____
_____
_____
_____
_____
_____
_____

5. Stellen Sie die Vorteile zusammen, die sich für die Spindler KG durch eine Beteiligung an einer freiwilligen Kette ergeben können.

Vorteile durch die Zusammenarbeit der Spindler KG mit den Kettengroßhändlern der freiwilligen Kette	Vorteile der Zusammenarbeit der Spindler KG mit selbstständigen Einzelhändlern im Rahmen einer freiwilligen Kette

6. Prüfen Sie, ob die Bildung von Verbundgruppen mit den Regelungen des Gesetzes gegen Wettbewerbsbeschränkungen vereinbar ist.

7. Erstellen Sie eine Liste möglicher Verbundgruppen für die Warengruppen „Damenoberbekleidung" und „Herrenoberbekleidung".

8. Erstellen Sie eine Liste möglicher Verbundgruppen für die Warengruppe „Haushaltswäsche".

LERNFELD 7

GESAMTWIRTSCHAFTLICHE EINFLÜSSE AUF DAS GROSS- UND AUSSENHANDELSUNTERNEHMEN ANALYSIEREN

9. Wählen Sie aus der von Ihnen in Aufgabe 7 erstellten Liste eine Verbundgruppe aus. Stellen Sie die Leistungen, die diese Kooperation der Spindler KG bieten kann, in einer Übersicht zusammen.

Verbundgruppe: _____

Leistungen:

_____
_____
_____
_____
_____
_____
_____
_____

10. Wählen Sie aus der von Ihnen in Aufgabe 8 erstellten Liste eine Verbundgruppe aus. Stellen Sie die Leistungen, die diese Kooperation der Spindler KG anbieten kann, in einer Übersicht zusammen.

Verbundgruppe: _____

Leistungen:

_____
_____
_____
_____
_____
_____
_____
_____
_____
_____

11. Erläutern Sie die Wettbewerbsvorteile, die sich aus den Leistungen der ausgewählten Verbundgruppen für die Spindler KG ergeben.

VERTIEFUNGS- UND ANWENDUNGSAUFGABEN

Zur weiteren Vertiefung der Lerninhalte und Sicherung der Lernergebnisse empfehlen wir das Bearbeiten der Aufgaben und Aktionen in den Kapiteln 3 (Wir informieren uns über die Konzentration in der Wirtschaft) und 4 (Wir nutzen Kooperationen im Großhandel) des Lernfeldes 7 in Ihrem Lehrbuch „Groß im Handel, 2. Ausbildungsjahr".

LERNFELD 7 — GESAMTWIRTSCHAFTLICHE EINFLÜSSE AUF DAS GROSS- UND AUSSENHANDELSUNTERNEHMEN ANALYSIEREN

4 Wir unterscheiden die wirtschaftspolitischen Ziele im Stabilitätsgesetz

HANDLUNGSSITUATION

Bei der Spindler KG ist es seit der Wirtschaftskrise in den Jahren 2008/2009 wieder deutlich aufwärts gegangen. So haben sich die Wachstumsraten beim Absatz auch positiv auf den Gewinn ausgewirkt. Während der Wirtschaftskrise konnte die Spindler KG zeitweise ihre Produkte nicht einmal „über den Preis" verkaufen und musste zwischenzeitlich sogar Kurzarbeit durchführen. Insgesamt war die Gesamtsituation des Unternehmens sehr kritisch.

Die beiden Komplementäre der Spindler KG, Frau Susanne Strobel und Herr Ludwig Spindler, möchten zukünftig besser auf solche negativen Ereignisse vorbereitet sein. Frau Strobel und Herr Spindler halten es für wichtig, dass die vier Ziele des Stabilitätsgesetzes in Deutschland eingehalten werden.

Die vier Auszubildenden der Spindler KG, Nina Kröger, Anja Kruse, Martin Solms und Thomas Zimmermann, bekommen den Auftrag, die wesentlichen Inhalte der vier Ziele des Stabilitätsgesetzes zu entwickeln und mögliche Maßnahmen der Spindler KG aufzuzeigen, die das Unternehmen bei Nichterreichen der verschiedenen Ziele ergreifen kann. Diese Informationen wollen Frau Strobel und Herr Spindler dann in einer Sitzung den Abteilungsleitern mitteilen.

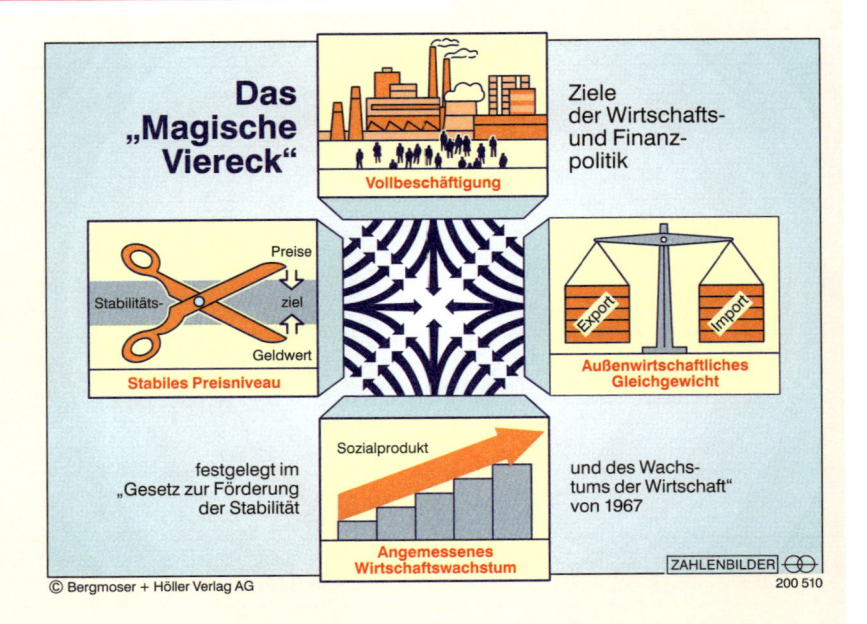

In einer ersten Recherche ermitteln die Auszubildenden die vier Ziele des Stabilitätsgesetzes:

- Angemessenes Wirtschaftswachstum
- Preisstabilität
- Außenwirtschaftliches Gleichgewicht
- Hoher Beschäftigungsstand

Die Auszubildenden beschließen, die Erarbeitung der Inhalte und die Ausarbeitung möglicher Maßnahmen für die Spindler KG aufzuteilen. Jeder der Auszubildenden bekommt also ein Thema ...

Informationen zum Lösen der folgenden Handlungsaufgaben finden Sie im Lehrbuch „Groß im Handel, 2. Ausbildungsjahr" in den Kapiteln 5 (Wir informieren uns über das Bruttoinlandsprodukt und seine wirtschaftliche Bedeutung) und 6 (Wir informieren uns über die wirtschaftlichen Ziele) des Lernfeldes 7.

HANDLUNGSAUFGABEN

1. Welche Fragen müssen die Auszubildenden klären?

_____

_____

_____

_____

WIR UNTERSCHEIDEN DIE WIRTSCHAFTSPOLITISCHEN ZIELE IM STABILITÄTSGESETZ

2. Nina Kröger beschäftigt sich mit dem Ziel eines angemessenen Wirtschaftswachstums. Vorab soll sie klären, was das Stabilitätsgesetz überhaupt ist bzw. warum und von wem dieses Gesetz entwickelt wurde.

Wer hat das Stabilitätsgesetz entwickelt und welcher Zweck wird damit verfolgt?

3. Beim Messen des Wirtschaftswachstums werden in der Regel die Wachstumsraten des Bruttoinlandsprodukts betrachtet.

a) Was wird unter dem Bruttoinlandsprodukt verstanden?

b) Hinter dem Ziel „angemessenes Wirtschaftswachstum" steckt keine konkrete Wachstumsrate. Nina Kröger möchte der Geschäftsleitung aber eine ungefähre Zahl erläutern, wann das Wirtschaftswachstum nach dem Stabilitätsgesetz als angemessen bezeichnet wird.

Erläutern Sie, bei welchen Wachstumsraten in Deutschland das Wachstum als „angemessen" bezeichnet wird.

LERNFELD 7 — GESAMTWIRTSCHAFTLICHE EINFLÜSSE AUF DAS GROSS- UND AUSSENHANDELSUNTERNEHMEN ANALYSIEREN

c) Welche Folgen hat eine Krise bzw. ein negatives Wachstum auf eine Volkswirtschaft?

d) Im Rahmen der Recherche liest Nina Kröger etwas zu Grenzen des Wachstums, die vom „Club of Rome" im Jahre 1972 in einer Studie veröffentlicht wurden.

   Welche Schlussfolgerungen wurden in der Studie gezogen?

e) Welche Maßnahmen kann die Spindler KG ergreifen, wenn das Wirtschaftswachstum in Deutschland zurückgeht?

4. Anja Kruse beschäftigt sich mit dem Ziel der Preisstabilität. Beim Messen der Preisstabilität wird für Deutschland die Entwicklung des Verbraucherpreisindexes betrachtet.

   a) Was misst der Verbraucherpreisindex genau?

b) Anja Kruse hat bei den Recherchen zum Verbraucherpreisindex folgende Grafik (Preis-Kaleidoskop) auf den Internetseiten des Statistischen Bundesamtes entdeckt:

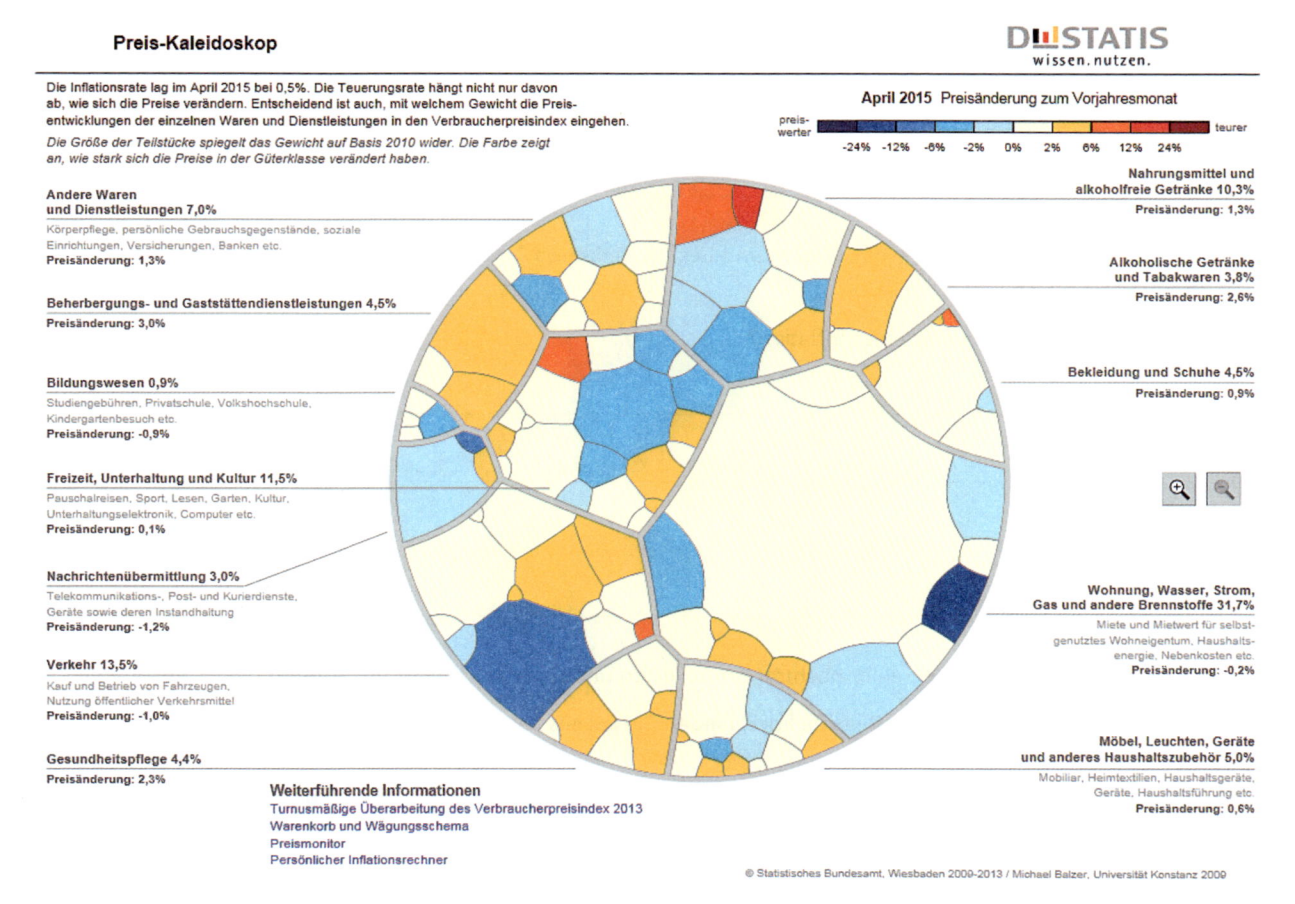

(Quelle: Statistisches Bundesamt; https://www.destatis.de/Voronoi/PreisKaleidoskop.svg; Abruf: 21.09.2014)

Es geht aus der Grafik hervor, dass die Inflationsrate im April 2014 bei 1,3 % lag.

Worauf beziehen sich die 1,3 %? Wie interpretieren Sie das Ergebnis bezüglich des Stabilitätsgesetzes?

_____

_____

_____

c) Das Statistische Bundesamt führt insgesamt zwölf Bereiche des Warenkorbs auf.

Nennen Sie die drei größten Bereiche und die drei kleinsten mit entsprechender Prozentzahl.

_____

_____

_____

_____

_____

d) In welchen drei Bereichen sind die größten Preissteigerungen zu erkennen?

e) Anja Kruse stößt auf den Begriff Inflation und liest in mehreren Texten, dass eine hohe Inflation schädlich für die Gesamtwirtschaft ist.

e1) Was verstehen Sie unter einer Inflation?

e2) Es wird häufig zwischen einer nachfrageinduzierten und einer angebotsinduzierten Inflation gesprochen. **Erläutern Sie diese beiden Begriffe kurz. Finden Sie jeweils zwei Beispiele für beide Inflationsarten.**

Nachfrageinduzierte Inflation	Angebotsinduzierte Inflation
Erläuterung:	Erläuterung:
Beispiele:	Beispiele:

f) Anja Kruse liest in einem Spiegel-Artikel folgende Informationen:

Die perverse Angst vor der Deflation

Sinkende Preise, knauserige Banken, kaum Investitionen – in der Euro-Zone schrillen wieder mal die Alarmglocken. Der Druck auf Mario Draghis EZB wächst, noch mehr Geld in die Wirtschaft zu pumpen.
„Nein, nein", sagte der Präsident, „wir sind eindeutig nicht in einer Deflation." Mario Draghi war es wichtig klarzustellen, dass der Konjunkturerholung nicht die nächste Hürde im Weg steht. Dann machte er sich ans Definieren: Deflation, das bedeute ein „sich selbst verstärkendes Sinken der Preise" – und zwar für praktisch alle Konsumgüter und über den gesamten Euro-Raum hinweg.
Was der EZB-Chef bei seiner Rede vorigen Donnerstag in Frankfurt verschwieg: Streng genommen leben Teile des Euro-Raums längst in einem deflationären Umfeld. Das Preisniveau sinkt in Griechenland, und genau besehen geht es auch in Spanien, Portugal und Irland leicht zurück (wenn man Verbrauchssteuererhöhungen und andere Sondereffekte herausrechnet). Im Schnitt liegt die Inflationsrate nur noch bei 0,8 Prozent, deutlich unter dem Wert von knapp 2 Prozent, den die Notenbank anpeilt.
Bei ihrer Ratssitzung am Donnerstag wird sich die EZB damit befassen müssen. Soll sie jetzt reagieren? Und wenn ja, wie – die Zinsen noch weiter senken, Anleihen in großem Stil aufkaufen, den Banken Kredite abnehmen?

Quelle: Henrik Müller: Die perverse Angst vor der Deflation. In: www.spiegel.de/wirtschaft/soziales/wochenschau/-draghi-sieht-keine-deflation-im-euro-raum-a-956461.html vom 03.03.2014; abgerufen: 24.09.2014.

Warum ist eine Deflation in der Euro-Zone gefährlich? Erläutern Sie den Begriff Deflation und die Folgen einer Deflation in Deutschland.

g) **Erläutern Sie drei Maßnahmen, die die Spindler KG ergreifen kann, wenn die Preisstabilität in Deutschland gefährdet bzw. nicht gegeben ist.**

LERNFELD 7 — GESAMTWIRTSCHAFTLICHE EINFLÜSSE AUF DAS GROSS- UND AUSSENHANDELSUNTERNEHMEN ANALYSIEREN

5. Martin Solms beschäftigt sich mit dem Ziel „außenwirtschaftliches Gleichgewicht" des Stabilitätsgesetzes. Zunächst einmal will er ergründen, welche Gründe es für einen Außenhandel, d. h. dem Handel mit anderen Volkswirtschaften, gibt.

a) **Welche Gründe sprechen für einen Außenhandel?**

b) Im Rahmen der Außenbeziehungen ist auch von der Zahlungsbilanz, der Leistungsbilanz und der Handelsbilanz die Rede.

Erläutern Sie diese drei Begriffe?

Begriff	Erläuterung
Zahlungsbilanz	
Leistungsbilanz	
Handelsbilanz	

c) In Deutschland wird der hohe Außenhandelsüberschuss häufig gelobt, vom europäischen Ausland aber meist kritisch gesehen.

Warum wird Deutschland kritisiert? Welche Gefahren bestehen bei einem außenwirtschaftlichen Ungleichgewicht?

d) Halten Sie das Ziel des außenwirtschaftlichen Gleichgewichts in Deutschland für erreicht?

e) Welche Maßnahmen kann die Spindler KG ergreifen, wenn das außenwirtschaftliche Gleichgewicht in Deutschland gefährdet bzw. nicht gegeben ist?

6. Thomas Zimmermann beschäftigt sich mit dem Ziel „hoher Beschäftigungsstand" des Stabilitätsgesetzes. Die Politik ist ständig bestrebt, die Arbeitslosigkeit zu bekämpfen. Dazu wird eine Analyse der Formen der Arbeitslosigkeit durchgeführt. Häufig wird dabei zwischen den unten stehenden sechs Formen der Arbeitslosigkeit unterschieden.

a) Beschreiben Sie die Formen bzw. Ursachen der Arbeitslosigkeit kurz.

Form/Ursache der Arbeitslosigkeit	Beschreibung
Saisonale Arbeitslosigkeit	
Konjunkturelle Arbeitslosigkeit	

LERNFELD 7 — GESAMTWIRTSCHAFTLICHE EINFLÜSSE AUF DAS GROSS- UND AUSSENHANDELSUNTERNEHMEN ANALYSIEREN

Form/Ursache der Arbeitslosigkeit	Beschreibung
Strukturelle, sektorale Arbeitslosigkeit	
Regionale Arbeitslosigkeit	
Friktionelle Arbeitslosigkeit	

b) Thomas macht sich Gedanken über die Folgen der Arbeitslosigkeit. Er möchte das von zwei Seiten betrachten, zum einen die Folgen einer hohen Arbeitslosenquote für eine Volkswirtschaft wie Deutschland und zum anderen für jeden Einzelnen persönlich.

Skizzieren Sie die Folgen der Arbeitslosigkeit für eine Volkswirtschaft und für jeden Einzelnen persönlich.

Mögliche Folgen der Arbeitslosigkeit	
Volkswirtschaftlich	Persönlich

c) Welche Folgen hat eine hohe Arbeitslosenquote und welche Folgen hat die Vollbeschäftigung in Deutschland auf die Spindler KG?

Folgen einer hohen Arbeitslosenquote ...	Folgen der Vollbeschäftigung ...

d) Welche Maßnahmen kann die Spindler KG ergreifen, wenn der hohe Beschäftigungsstand in Deutschland gefährdet bzw. nicht gegeben ist?

VERTIEFUNGS- UND ANWENDUNGSAUFGABEN

1. Im unten stehenden Zeitungsartikel „Wirtschaftsweiser für kräftige Lohnsteigerungen" plädiert ein Experte für starke Lohnsteigerungen.

Wirtschaftsweiser für kräftige Lohnsteigerungen

Düsseldorf/Frankfurt. Arbeitnehmer sollten nach Meinung des Wirtschaftsweisen Peter Bofinger kräftigere Lohnsteigerungen von mindestens drei Prozent bekommen. Forderungen der Arbeitgeber nach maßvollen Lohnabschlüssen erteilte der Volkswirtschaftsprofessor in der «Rheinischen Post» (Montag) eine klare Absage. In den vergangenen zehn Jahren sei die Kaufkraft der Beschäftigten in Deutschland nicht gestiegen, sagte er am Montag im Audiodienst der Nachrichtenagentur dpa. Bofinger verwies auf die Spannungen innerhalb der Euro-Zone. Die Lohnzurückhaltung in Deutschland habe dazu beigetragen, dass die Volkswirtschaften auseinanderdrifteten, erklärte das Mitglied des sogenannten Rats der Wirtschaftsweisen, der offiziell Sachverständigenrat zur Begutachtung der gesamtwirtschaftlichen Entwicklung (SVR) heißt.

Der Unterschied in Europa müsse durch höhere Lohnabschlüsse in Deutschland und niedrigere Abschlüsse in den weniger wettbewerbsstarken Ländern Südeuropas ausgeglichen werden. Daran hingen auch die Erfolgsaussichten der Bemühungen, die Haushalte zu sanieren. Die Kaufkraft der Beschäftigten in Deutschland sei in den vergangenen zehn Jahren nicht gestiegen, erläuterte Bofinger. Im gleichen Zeitraum seien aber die Exporte um 70 Prozent preisbereinigt gestiegen und hätten für kräftige Gewinne gesorgt, sagte er im dpa-Audiodienst. Es habe eine massive Umverteilung zulasten der Beschäftigten stattgefunden.

„Für die ausgeprägte Lohnzurückhaltung der letzten Jahre gab es keine Rechtfertigung", erklärte der Regierungsberater. Auch die Gewerkschaften hätten sich zu stark auf die Erhaltung der Arbeitsplätze fixiert. Eine radikale Änderung der Tarifpolitik sei aber nicht zu erwarten: „Ich fürchte, dass wir in Deutschland nicht so schnell von dieser Politik der Lohnmoderation wegkommen."

Nach Berechnungen der gewerkschaftlichen Hans-Böckler-Stiftung sind die realen Bruttolöhne und Gehälter sechs Jahre in Folge nicht gestiegen. Zuvor hatten sie auf dem Niveau von 2000 stagniert. Die erzielten Tarifsteigerungen wurden demnach regelmäßig von der Teuerung aufgebraucht.

In der jüngsten Wirtschaftskrise hatten Arbeitszeitverkürzungen zwar dafür gesorgt, dass die pro Stunde gezahlten Entgelte stiegen. Bei den Gesamtgehältern und -löhnen fehlten am Jahresende aber etliche Zuschläge und Überstundenvergütungen. Für das erste Quartal dieses Jahres ermittelte das Statistische Bundesamt ein Reallohn-Plus von 0,8 Prozent. (dpa)

Quelle: www.fr-online.de, 2. August 2010.

a) Warum stärkt eine Lohnzurückhaltung die Exportbemühungen einer Volkswirtschaft?

b) Wieso ist die Kaufkraft nicht gestiegen, obwohl sich die Löhne in den letzten Jahren erhöht haben?

c) Welche Gründe sprechen für einen stärkeren Anstieg der Löhne?

2. Weshalb ist es wichtig, als Bezugsgröße für das Wachstum nicht nur das gesamte in einer Volkswirtschaft erwirtschaftete BIP, sondern auch das BIP je Einwohner zu betrachten?

3. Warum wird ein hohes Bildungsniveau als „human capital" neben Neu- und Erweiterungsinvestitionen als eine Voraussetzung für Wachstum angesehen?

4. Mit welchen Maßnahmen kann die Politik versuchen, das Wachstum anzuregen?

5. In der folgenden Tabelle sind die Preisindizes der Jahre 2007 bis 2009 in Deutschland angegeben. **Bestimmen Sie die Infla-tionsraten der Jahre 2008 und 2009.**

Jahr	Index
2007	104,1
2008	107,0
2009	107,2

6. Die Inflation hat Auswirkungen auf die Preise.

a) Wie viel kostet ein Produkt, das heute 5,00 € kostet, in zehn Jahren bei einer durchschnittlichen Inflationsrate von jährlich 2 %?

b) Wie viel ist das Geld in acht Jahren noch „wert", wenn die Inflationsrate jährlich 2 % beträgt?

7. Der auf die Beschäftigung abzielende Eckpunkt im magischen Viereck lautet nicht „Vollbeschäftigung", sondern „hoher Beschäftigungsstand". **Begründen Sie, weshalb dies der Fall ist.**

LERNFELD 7
GESAMTWIRTSCHAFTLICHE EINFLÜSSE AUF DAS GROSS- UND AUSSENHANDELSUNTERNEHMEN ANALYSIEREN

8. Die klassischen Formen der Arbeitslosigkeit (saisonal, konjunkturell, strukturell, regional und friktionell) können um die technologische und die lohnkostenbedingte Arbeitslosigkeit erweitert werden.

Erklären Sie, was Sie darunter verstehen.

9. Nehmen Sie zu der Aussage „Durch eine erhöhte Investitionstätigkeit der Unternehmen nimmt die Beschäftigung zu" Stellung.

10. Wie können Sie Ihren Arbeitsplatz sichern bzw. Ihre eigenen Chancen auf dem Arbeitsmarkt erhöhen?

Zur weiteren Vertiefung der Lerninhalte und Sicherung der Lernergebnisse empfehlen wir die Bearbeitung der Aufgaben und Aktionen in den Kapiteln 5 (Wir informieren uns über das Bruttoinlandsprodukt und seine wirtschaftliche Bedeutung) und 6 (Wir informieren uns über die wirtschaftlichen Ziele) des Lernfeldes 7 Ihres Lehrbuches „Groß im Handel, 2. Ausbildungsjahr".

5 Wir bestimmen Zielbeziehungen und Zielkonflikte im Rahmen des „Magischen Sechsecks"

HANDLUNGSSITUATION

Nina Kröger und Martin Solms haben von Frau Bering, Abteilungsleiterin der Verwaltung, den Auftrag bekommen, das Leitbild der Spindler KG kritisch zu betrachten. Dabei fällt ihnen eine Formulierung auf:

> **Leitbild der Spindler KG**
>
> ...
>
> Um der großen sozialen Verantwortung für diese Menschen gerecht zu werden, versuchen wir, Beschaffungsregeln einzuhalten, die die Einhaltung von Sozial- und Umweltstandards gewährleisten ...

...

Nina und Martin verstehen nicht, welchen finanziellen Nutzen die Spindler KG von der Einhaltung von Sozial- und Umweltstandards haben könnte. Sie meinen, dass die Einhaltung dieser Standards der Spindler KG keinen Gewinn bringt und daher nichts im Leitbild zu suchen hat.

Frau Bering: *„Nun ja, das muss man differenzierter betrachten. Im Rahmen der wirtschaftspolitischen Ziele des magischen Vierecks haben in den letzten Jahren in der Wirtschaftspolitik noch zwei weitere Ziele an Bedeutung gewonnen – eine gerechte Einkommensverteilung und die Erhaltung einer lebenswerten Umwelt. Man spricht hier auch von dem „Magischen Sechseck". Diese Ziele versuchen wir als Spindler KG möglichst zu erfüllen. Aus den insgesamt sechs Zielen der Wirtschaftspolitik entstehen allerdings Zielkonflikte (Zielkomplementarität) und Zielharmonien, auch bei uns im Unternehmen."*

Informationen zum Lösen der folgenden Handlungsaufgaben finden Sie im Lehrbuch „Groß im Handel, 2. Ausbildungsjahr" im Kapitel 7 (Wir erkennen Probleme und Spannungen im erweiterten „Magischen Sechseck") des Lernfeldes 7.

HANDLUNGSAUFGABEN

1. Welche Fragen müssen Nina und Martin klären?

LERNFELD 7

GESAMTWIRTSCHAFTLICHE EINFLÜSSE AUF DAS GROSS- UND AUSSENHANDELSUNTERNEHMEN ANALYSIEREN

2. Beim Leitbild der Spindler KG ist von Sozial- und Umweltstandards die Rede.

Was verstehen Sie unter diesen beiden Begriffen? Erläutern Sie die Begriffe ausführlich.

---

3. Frau Bering erklärt Nina und Martin, dass die Spindler KG bereits heute viele Sozial- und Umweltstandards erfüllt.

Nennen Sie jeweils mindestens drei Sozial- und drei Umweltstandards, die bei der Spindler KG (oder in Ihrem Unternehmen) bereits erfüllt sein könnten.

Sozialstandards	Umweltstandards

4. Frau Bering ist etwas irritiert über die erste spontane Reaktion von Nina und Martin, dass nach Auffassung der beiden die Einhaltung der Sozial- und Umweltstandards der Spindler KG keinen Gewinn bringt und daher nichts im Leitbild zu suchen hat.

Wie beurteilen Sie die Haltung von Nina und Martin gegenüber den Sozial- und Umweltstandards?

_____
_____
_____
_____
_____
_____
_____
_____
_____

5. Die wirtschaftspolitischen Ziele des magischen Sechsecks können nicht getrennt voneinander betrachtet werden, denn sie stehen unmittelbar in Beziehung zueinander.

a) Was verstehen Sie in diesem Zusammenhang unter einer Zielharmonie (Zielkomplementarität) und was unter einem Zielkonflikt?

b) Nennen und erläutern Sie jeweils drei Beispiele für eine Zielharmonie und für einen Zielkonflikt.

Zielharmonie (Zielkomplementarität)	Zielkonflikt
Definition:	Definition:
Beispiele:	Beispiele:

LERNFELD 7 — GESAMTWIRTSCHAFTLICHE EINFLÜSSE AUF DAS GROSS- UND AUSSENHANDELSUNTERNEHMEN ANALYSIEREN

6. Der Staat hat mehrere Grundprinzipien und Instrumente, um das Ziel einer gerechten Einkommensverteilung oder der Erhaltung einer lebenswerten Umwelt zu beeinflussen. Diese Maßnahmen können sich auf die Unternehmenspolitik der Spindler KG auswirken.

a) Der Staat kann die Einkommensverteilung beeinflussen. Es sind verschiedene Grundprinzipien einer gerechten Einkommensverteilung zu erkennen: das Leistungsprinzip, das Gleichheitsprinzip und das Bedarfsprinzip.

Erläutern und beurteilen Sie kurz die Folgen des jeweiligen Grundprinzips für die Spindler KG.

Grundprinzip	Folgen für die Spindler KG
Leistungsprinzip Die Einkommen sollten entsprechend der erbrachten Leistung verteilt werden.	
Gleichheitsprinzip Jeder Bürger sollte das gleiche Einkommen erhalten.	
Bedarfsprinzip Jeder erhält das Einkommen, das er benötigt.	

b) Der Staat verfolgt das Prinzip der Steuergerechtigkeit. Mehrere Mitarbeiter der Spindler KG haben in diesem Jahr eine Lohnerhöhung von 4,5 % erhalten, klagen aber über die Steuerprogression.

Erläutern Sie den Begriff Steuerprogression und deren Problematik in diesem Zusammenhang kurz.

c) **Erläutern Sie kurz, wie eine gerechte Einkommensverteilung die Gewinne bei der Spindler KG positiv beeinflussen kann.**

7. Bei der Förderung der erneuerbaren Energien wurde im Jahr 2000 das Gesetz für den Vorrang erneuerbarer Energien (EEG) in Kraft gesetzt. Ziel des EEG sind die Förderung des Ausbaus der erneuerbaren Energien zur Stromerzeugung und die Erhöhung des Anteils erneuerbarer Energien an der Stromversorgung.

    a) **Nennen und erläutern Sie zwei Möglichkeiten/Maßnahmen, wie die Spindler KG dieses Gesetz nutzen kann, um sowohl etwas für die Umwelt zu erreichen als auch den Gewinn zu erhöhen.**

Möglichkeiten/Maßnahmen	Erläuterung

    b) Das EEG-Gesetz ist zum Teil in den Medien und bei Teilen der Bevölkerung in die Kritik geraten.

    Erläutern Sie kurz die Hintergründe.

    c) **Welche positiven Einflüsse hat das EEG-Gesetz auf die Wirtschaft?**

LERNFELD 7 — GESAMTWIRTSCHAFTLICHE EINFLÜSSE AUF DAS GROSS- UND AUSSENHANDELSUNTERNEHMEN ANALYSIEREN

VERTIEFUNGS- UND ANWENDUNGSAUFGABEN

1. Umweltzerstörung und -verschmutzung als Folgen des Wachstumsstrebens werden überwiegend der materiellen Industrieproduktion zugeschrieben.

Erläutern Sie an zwei Beispielen, warum sich diese Folgen nicht nur in den entwickelten Industriestaaten niederschlagen.

2. Wie kann der Staat die Umverteilung des Einkommens beeinflussen?

3. „Um das Armutsrisiko in Deutschland zu verringern, müssen die Sätze für das Arbeitslosengeld II nur deutlich angehoben werden."

Nehmen Sie zu dieser Aussage kritisch Stellung.

WIR BESTIMMEN ZIELBEZIEHUNGEN UND ZIELKONFLIKTE IM RAHMEN DES „MAGISCHEN SECHSECKS"

4. In Deutschland tragen 10 % der Bevölkerung – die Gruppe der am besten Verdienenden – über 50 % der Steuerlast. **Wie beurteilen Sie diese Verteilung?**

5. Die Einspeisevergütung bei Fotovoltaikanlagen wird jedes Jahr um einen bestimmten Prozentsatz gesenkt. **Erläutern Sie, warum die Bundesregierung diese Maßnahme durchführt.**

6. Erläutern Sie, wieso der Emissionshandel zu einer Reduzierung der Treibhausgase führt.

7. Umweltschutz und Wirtschaftswachstum müssen sich nicht ausschließen.

Stellen Sie an einem Beispiel dar, wie der Umweltschutz das Wirtschaftswachstum positiv beeinflussen kann.

_____

_____

_____

_____

_____

8. Nach der Definition der Weltbank gilt als arm, wer im Durchschnitt von weniger als 1,25 Dollar am Tag leben muss.

Vergleichen Sie mithilfe des Internets die Definition der Weltbank mit der Armutsdefinition, wie sie in den Industrieländern verwendet wird. Gehen Sie dabei auch auf die Begriffe relative und absolute Armut ein.

_____

_____

_____

_____

_____

_____

_____

_____

_____

_____

Zur weiteren Vertiefung der Lerninhalte und Sicherung der Lernergebnisse empfehlen wir die Bearbeitung der Aufgaben und Aktionen im Kapitel 7 (Wir erkennen Probleme und Spannungen im erweiterten „Magischen Sechseck") des Lernfeldes 7 Ihres Lehrbuches „Groß im Handel, 2. Ausbildungsjahr".

6 Wir sind als Großhandelsunternehmen konjunkturellen Schwankungen ausgesetzt

HANDLUNGSSITUATION

Frau Jonas, Abteilungsleiterin des Rechnungswesens, kommt ins Büro von Thomas Zimmermann und Nina Kröger mit einer Statistik zu den Umsatzzahlen für Damenbekleidung der letzten 24 Jahre.

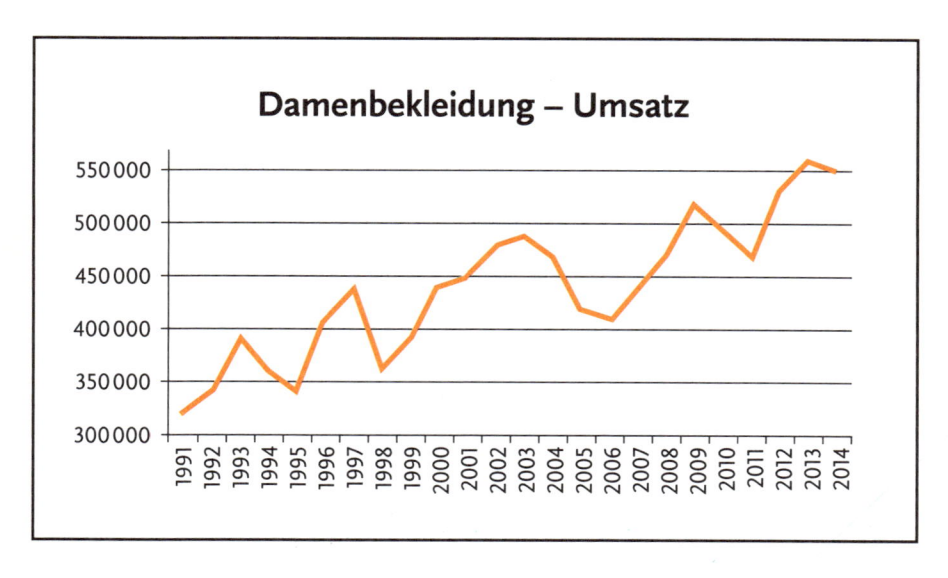

Damenbekleidung – Umsatz

Sie gibt den beiden den Auftrag, diese Statistik näher zu untersuchen …

Informationen zum Lösen der folgenden Handlungsaufgaben finden Sie im Lehrbuch „Groß im Handel, 2. Ausbildungsjahr" im Kapitel 8 (Als Großhandelsunternehmen sind wir konjunkturellen Schwankungen ausgesetzt) des Lernfeldes 7.

HANDLUNGSAUFGABEN

1. Welche Fragen müssen Nina und Thomas klären?

LERNFELD 7
GESAMTWIRTSCHAFTLICHE EINFLÜSSE AUF DAS GROSS- UND AUSSENHANDELSUNTERNEHMEN ANALYSIEREN

2. Nina und Thomas untersuchen die Umsatzstatistik für Damenbekleidung näher.

Was fällt Ihnen bei der oben stehenden Umsatzstatistik auf?

3. Wieso kommt es zu Umsatzschwankungen im Markt für Damenbekleidung?

4. Nina und Thomas haben festgestellt, dass es zu Schwankungen innerhalb eines bestimmten Zeitraums kommt. Frau Jonas erklärt den beiden, dass diese Schwankungen sehr stark mit den verschiedenen Phasen des Konjunkturzyklus zusammenhängen.

a) Was verstehen Sie unter Konjunkturschwankungen?

b) Nina und Thomas wollen die vier Phasen des Konjunkturzyklus in einer Übersicht darstellen und Handlungsmöglichkeiten und Folgen für die Spindler KG zeigen.

Beschreiben Sie vier Phasen des Konjunkturzyklus mit eigenen Worten und geben Sie Hinweise, wie die Spindler KG in den einzelnen Phasen im Bereich der Damenbekleidung reagieren wird und welche Folgen diese Phase haben kann.

Phase	Beschreibung	Mögliche Reaktion und Folgen für die Spindler KG
1. Aufschwung		
2. Hochkonjunktur		
3. Abschwung		
4. Tiefstand (Depression)		

LERNFELD 7 — GESAMTWIRTSCHAFTLICHE EINFLÜSSE AUF DAS GROSS- UND AUSSENHANDELSUNTERNEHMEN ANALYSIEREN

VERTIEFUNGS- UND ANWENDUNGSAUFGABEN

1. Im Alten Testament heißt es: „Siehe, sieben reiche Jahre werden kommen (...). Und nach denselben werden sieben Jahre teure Zeit kommen (...)."

   Erläutern Sie, was diese Aussage mit dem Konjunkturzyklus zu tun hat.

2. **Welche Möglichkeiten haben der Staat und ggf. die Zentralbank eines Staates, um einer Depression entgegenzuwirken?**

3. **Nennen Sie vier Ursachen für Konjunkturschwankungen.**

4. Die Konjunktur eines Landes befindet sich im Abschwung.

   Woran kann man diese Entwicklung erkennen?

5. Lesen Sie nachfolgenden Zeitungsartikel und beantworten Sie folgende Fragen:

a) Welche Konjunkturindikatoren werden im Zeitungsartikel genannt?

b) Welcher Konjunkturindikator wird als „Motor" für den Aufschwung bezeichnet?

c) Welche Ursachen für den Aufschwung haben der damalige Wirtschaftsminister Rainer Brüderle und die Wirtschaftsexperten erkannt?

d) Was war die „tiefste Rezession der Nachkriegsgeschichte", von der der Bundeswirtschaftsminister sprach?

e) Was empfehlen Sie der Bundesregierung, wie sie in den nächsten Monaten auf diesen Aufschwung reagieren sollte?

f) Warum wirken niedrige Zinsen positiv auf den Aufschwung?

Brüderle und der XL-Aufschwung

Erstmals seit Jahren ist in Deutschland das Inlandswachstum stärker als das Exportwachstum. Wirtschaftsminister Brüderle lobt die positive Entwicklung der deutschen Wirtschaft – und erwartet im kommenden Jahr steigende Löhne.

FRANKFURT/DÜSSELDORF/BERLIN. Bestens gelaunt hat Bundeswirtschaftsminister Rainer Brüderle (FDP) gestern die neue Wachstumsprognose präsentiert. „Die Nachrichten vom Arbeitsmarkt sind ein Grund zum Feiern", sagte er. Deutschland erlebe nach der tiefsten Rezession der Nachkriegsgeschichte in diesem Jahr „einen XL-Aufschwung wie aus dem Lehrbuch". Und erstmals seit Jahren wachse die inländische Wirtschaft stärker als die Exporte.

Nach der neuen offiziellen Regierungsprognose wächst die Wirtschaft in diesem Jahr um 3,4 Prozent, im nächsten um 1,8 Prozent. Das sind für dieses Jahr zwei Prozentpunkte mehr, als die Bundesregierung noch im Frühjahr erwartet hatte. „Die Binnenkonjunktur ist jetzt die entscheidende Kraft", sagte Brüderle.

Die eigentliche Ursache, meint der Liberale, sei die umfassende Restrukturierung, die im letzten Jahrzehnt in den deutschen Betrieben stattgefunden hat. Die Konjunkturpakete hätten zusätzlich geholfen, während der Krise die Kapazitäten zu halten und Arbeitsplätze zu sichern. „Deshalb konnte die Produktion jetzt schnell wieder hochgefahren werden", so Brüderle. Er ist überzeugt, dass die gute Binnenkonjunktur anhalten werde – weil die Lage am Arbeitsmarkt so gut sei wie seit zwei Jahrzehnten nicht mehr. Bereits in diesem Herbst werde die Zahl der Arbeitslosen unter drei Millionen sinken. In diesem Jahr würden 110 000 Menschen zusätzlich Erwerbstätige, im nächsten Jahr weitere 140 000.

Wegen der Steuererleichterungen der alten und der neuen Regierung seien die Nettolöhne in diesem Jahr mit 3,9 Prozent stärker gestiegen als die Bruttolöhne mit 1,2 Prozent. 2011 dürften sich die Arbeitnehmer auf deutliche Lohnerhöhungen freuen, sagte Brüderle voraus.

Ökonomen stützen Brüderles These. „Die deutsche Wirtschaft steht wieder auf zwei Beinen", sagt der Chefvolkswirt der Dekabank, Ulrich Kater. Vor allem zwei Fakten sprächen dafür, dass die Binnenwirtschaft im kommenden Jahr einen starken Wachstumsbeitrag leisten wird: Zum einen sei mit einer Nominallohnsteigerung von knapp drei Prozent zu rechnen. Zum anderen sei weiter von „zu niedrigen Zinsen für Deutschland" auszugehen. „Beides kurbelt den privaten Konsum an", schlussfolgert Kater. Die niedrigen Zinsen erhöhten außerdem die Investitionsanreize.

Der Volkswirt von HSBC Trinkaus, Lothar Heßler, sagt, alle drei Töpfe stünden „unter Dampf" – Exporte, Investitionen und der private Konsum. Der Aufschwung habe schneller als in früheren Konjunkturzyklen auf die Investitionen übergegriffen, nun springe auch der Konsum früher an als gedacht. Seit dem Rezessionsende sei das Bruttoinlandsprodukt in Deutschland um 3,7 Prozent gewachsen, nur 1,2 Punkte seien auf die Außenwirtschaft zurückzuführen.

Wie bedeutend der Beitrag der Binnenwirtschaft bereits 2010 ist, unterstreicht Volkswirt Kater: Er rechnet mit einem Wachstumsbeitrag von 2,2 Punkten – etwa zwei Drittel des Wachstums. 2011 dürfte der Beitrag nach seiner Einschätzung noch höher ausfallen: 1,5 Prozentpunkte. Das wären bei einem BIP-Zuwachs von zwei Prozent 75 Prozent des gesamten Wachstums.

Quelle: Handelsblatt vom 21. Oktober 2010

Zur weiteren Vertiefung der Lerninhalte und Sicherung der Lernergebnisse empfehlen wir die Bearbeitung der Aufgaben und Aktionen im Kapitel 8 (Als Großhandelsunternehmen sind wir konjunkturellen Schwankungen ausgesetzt) des Lernfeldes 7 Ihres Lehrbuches „Groß im Handel, 2. Ausbildungsjahr".

7 Wir beachten fiskalpolitische Maßnahmen des Staates

HANDLUNGSSITUATION

Nina Kröger darf heute in der Abteilungsleitersitzung hospitieren. Es geht um die langfristigen Investitionsvorhaben der Spindler KG. Bisher sah die langfristige Planung der Spindler KG vor, ein neues Zentrallager für den süddeutschen Raum zu errichten. Investiert werden sollen dazu 9 Millionen €, wovon ca. 6 Millionen € kreditfinanziert werden sollen. Herr Spindler stellt gerade einen Zeitungsartikel vor:

> … Wie aus Kreisen der Bundesregierung gestern zu erfahren war, rechnet man in der nächsten Zeit mit den folgenden Eckdaten:
> – Arbeitslosigkeit: 10 %
> – Wirtschaftswachstum 0,1 %
> – Inflation 1 %
> – Nettokreditaufnahme (in % des BIP) 8 %
>
> Ein Regierungssprecher sagte, dass „die Bundesregierung auf die plötzliche Veränderung der konjunkturellen Lage „sofort mit allen fiskalpolitischen Instrumenten reagieren" werde …

Herr Spindler: *„Ändert sich dadurch etwas für die Spindler KG?"*

Informationen zum Lösen der folgenden Handlungsaufgaben finden Sie im Lehrbuch „Groß im Handel, 2. Ausbildungsjahr" im Kapitel 9 (Wir erkennen die Beziehung zwischen unserem Großhandelsunternehmen und der Fiskalpolitik des Staates) im Lernfeld 7.

HANDLUNGSAUFGABEN

1. Beurteilen Sie die in der Einstiegssituation beschriebene konjunkturelle Lage.

2. Geben Sie an, welche Probleme sich für die Spindler KG ergeben.

3. Erläutern Sie den Begriff Fiskalpolitik.

LERNFELD 7 GESAMTWIRTSCHAFTLICHE EINFLÜSSE AUF DAS GROSS- UND AUSSENHANDELSUNTERNEHMEN ANALYSIEREN

4. Unterscheiden Sie im Rahmen der Fiskalpolitik zwischen Einnahmen- und Ausgabenpolitik des Staates.

5. Vervollständigen Sie die folgende Übersicht über fiskalpolitische Maßnahmen des Staates bei einer Rezession.

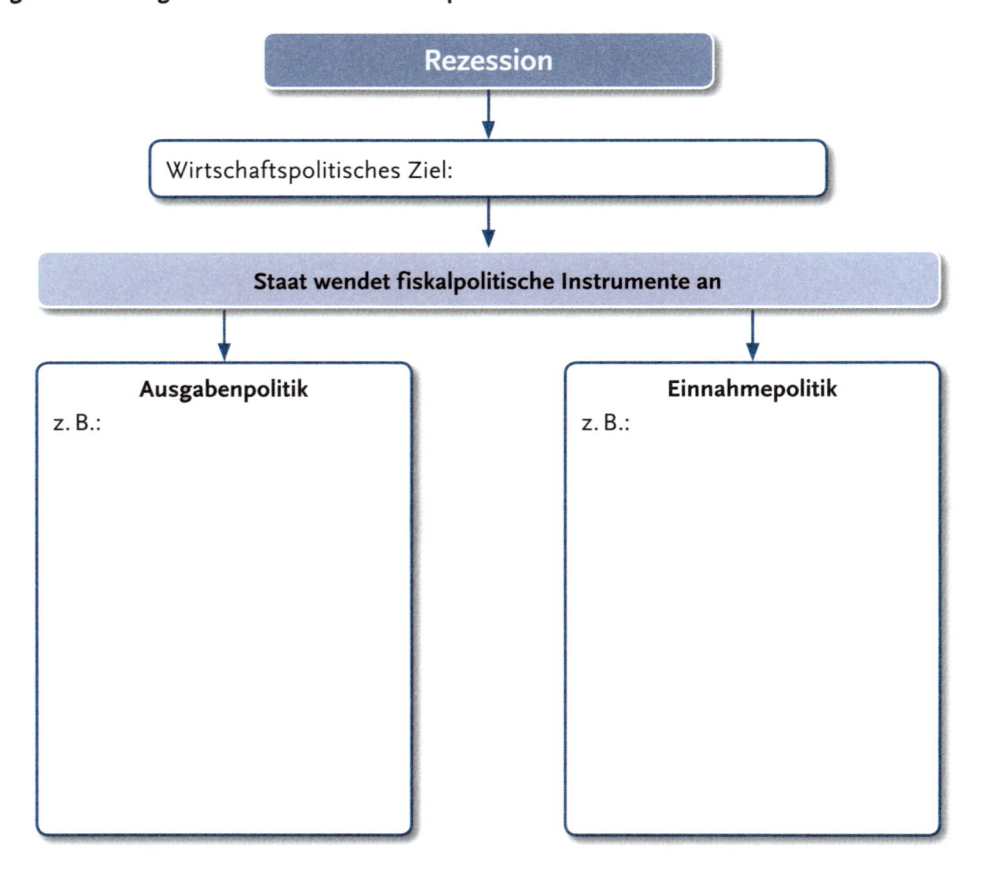

Rezession

Wirtschaftspolitisches Ziel:

Staat wendet fiskalpolitische Instrumente an

Ausgabenpolitik	Einnahmepolitik
z. B.:	z. B.:

WIR BEACHTEN FISKALPOLITISCHE MASSNAHMEN DES STAATES

6. Vervollständigen Sie die folgende Übersicht über fiskalpolitische Maßnahmen des Staates bei einer Hochkonjunktur (Boom).

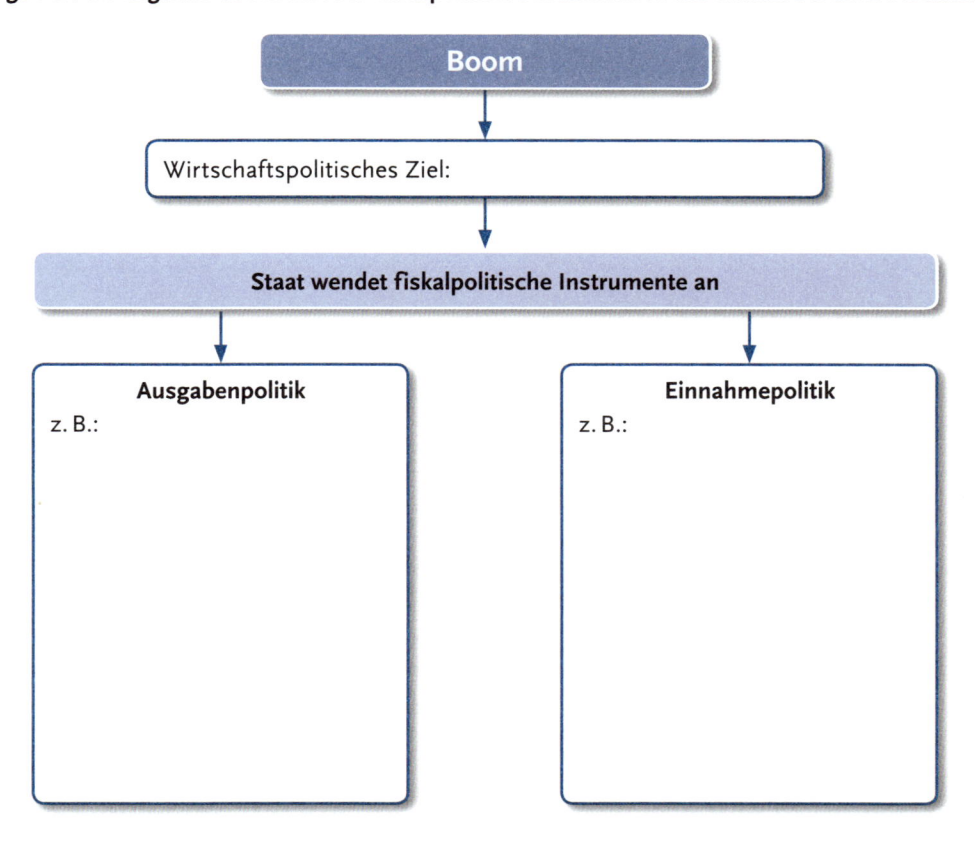

Boom

↓

Wirtschaftspolitisches Ziel:

↓

Staat wendet fiskalpolitische Instrumente an

Ausgabenpolitik z. B.:	Einnahmepolitik z. B.:

7. Als fiskalpolitische Maßnahme vergibt die Bundesregierung Aufträge für den Neubau vieler Hochschulen zur Konjunkturbelebung. **Zeigen Sie die gesamtwirtschaftliche Wirkung dieser Maßnahme.**

Der Staat vergibt Aufträge für den Neubau von Hochschulen		Auswirkungen
	Bestellungen	
	Produktion	
	Beschäftigung in den betroffenen Branchen	
	Volkseinkommen in den betroffenen Branchen	
	Konsumnachfrage	
	Beschäftigung in der Konsumgüterindustrie	
	Konjunkturklima	
	Private Investitionen	
	Gesamtnachfrage	

LERNFELD 7 — GESAMTWIRTSCHAFTLICHE EINFLÜSSE AUF DAS GROSS- UND AUSSENHANDELSUNTERNEHMEN ANALYSIEREN

8. Geben Sie Empfehlungen für das Verhalten der Spindler KG.

_____

_____

_____

_____

_____

_____

_____

VERTIEFUNGS- UND ANWENDUNGSAUFGABEN

1. Entscheiden Sie in den folgenden Fällen, ob die jeweilige fiskalpolitische Maßnahme der Konjunkturbelebung oder -dämpfung dient.

Fiskalpolitische Maßnahme	Konjunktur-belebung	Konjunktur-dämpfung
Aussetzung der degressiven Abschreibung sowie von Sonderabschreibungen		
Bausperre für öffentliche Gebäude		
Senkung der Einkommensteuer um 5 %		
Die Bundesregierung nimmt zusätzliche Kredite in Höhe von 20 Mrd. € auf		
Geplante Investitionen werden vorgezogen		
Ausgabensperre		
Investitionsprämien		

Zur weiteren Vertiefung der Lerninhalte und Sicherung der Lernergebnisse empfehlen wir das Bearbeiten der Aufgaben und Aktionen im Kapitel 9 (Wir erkennen die Beziehung zwischen unserem Großhandelsunternehmen und der Fiskalpolitik des Staates) des Lernfeldes 7 in Ihrem Lehrbuch „Groß im Handel, 2. Ausbildungsjahr".

WIR ERKENNEN DIE BEDEUTUNG VON GRUNDSÄTZLICHEN STRATEGIEN IN DER AUSSENWIRTSCHAFTSPOLITIK UND DER MITGLIEDSCHAFT IN INTERNATIONALEN WIRTSCHAFTSORGANISATIONEN

8 Wir erkennen die Bedeutung von grundsätzlichen Strategien in der Außenwirtschaftspolitik und der Mitgliedschaft in internationalen Wirtschaftsorganisationen

HANDLUNGSSITUATION

Die Auszubildenden der Spindler KG treffen sich in der Mittagspause.

Anja Kruse: „Wusstest du schon, dass wir in der Spindler KG mit 158 Ländern Geschäftsbeziehungen jetzt und irgendwann in der Vergangenheit unterhalten und unterhalten haben? Das sagte mir vorhin Herr Trumpf. Er nannte beispielhaft auch verschiedene Länder: Zypern, Norwegen, Kanada, Ecuador, Brasilien, Indonesien, Neuseeland. Das ist ganz schön beeindruckend, finde ich."

Martin Solms: „Wieso? Das ist doch heutzutage genau so wie mit einem Unternehmen in Frankreich Handel zu treiben."

Anja Kruse: „Na, ganz so einfach ist das nicht. Frankreich gehört ja wie die Bundesrepublik zur EU. **Das bedeutet, dass der Händler beim Handel** mit diesen Ländern viele Nachteile, die man sonst im Außenhandel hat, nicht befürchten muss. Also Kontakte zu französischen Unternehmen sind heute tatsächlich kein Problem mehr. Aber andere Staaten gehören oft anderen Wirtschaftsblöcken an. Innerhalb dieser Wirtschaftsbündnisse gilt meistens auch der Freihandel. Nach außen hin agieren sie aber häufig protektionistisch."

Martin Solms: „Protektionistisch? So ganz ist mir nicht klar, was das bedeutet."

Anja Kruse: „Da wird manchmal mit harten Bandagen gekämpft. So wurden gerade Jeans aus Japan und Südkorea von der EU mit Strafzöllen belegt, weil sie in der EU mit Dumpingpreisen angeboten wurden. Andererseits möchte China eine Erhöhung der Einfuhrquoten ..."

Martin Solms: „Also, ich weiß nicht. Das ist viel zu viel Aufwand, sich um den Außenhandel zu kümmern. Das meine ich für Deutschland im Allgemeinen, für die Spindler KG im Speziellen ... Ich gehe sogar noch weiter: Großhandlungen brauchen sich nicht um den Außenhandel zu kümmern."

Anja Kruse: „Da bin ich anderer Ansicht. Jede Großhandlung muss sich um den Außenhandel kümmern ..."

Informationen zum Lösen der folgenden Handlungsaufgaben finden Sie im Lehrbuch „Groß im Handel, 2. Ausbildungsjahr" in den Kapiteln 10 (Wir erkennen die Bedeutung des internationalen Freihandels und schätzen die Auswirkungen protektionistischer Maßnahmen ein), 12 (Wir informieren uns über die Europäische Wirtschafts- und Währungsunion) und 13 (Wir kennen internationale Handelsabkommen und Organisationen, die Einfluss auf Import und Export haben) des Lernfeldes 7.

LERNFELD 7
GESAMTWIRTSCHAFTLICHE EINFLÜSSE AUF DAS GROSS- UND AUSSENHANDELSUNTERNEHMEN ANALYSIEREN

HANDLUNGSAUFGABEN

1. Führen Sie Vorteile für ein Großhandelsunternehmen wie die Spindler KG auf, wenn es im Außenhandel tätig ist.

2. Stellen Sie fest, welche Bedeutung der Handel mit dem Ausland für die Bundesrepublik Deutschland hat.

3. Unterscheiden Sie die verschiedenen Arten des Außenhandels.

Art der Güter	Räumliche Sicht

4. Stellen Sie die zwei grundlegenden Strategien in der Außenwirtschaftspolitik gegenüber.

5. Geben Sie Gründe dafür an, warum protektionistische Maßnahmen ergriffen werden.

WIR ERKENNEN DIE BEDEUTUNG VON GRUNDSÄTZLICHEN STRATEGIEN IN DER AUSSENWIRTSCHAFTSPOLITIK UND DER MITGLIEDSCHAFT IN INTERNATIONALEN WIRTSCHAFTSORGANISATIONEN

6. Führen Sie verschiedene protektionistische Maßnahmen auf.

Direkte protektionistische Maßnahmen der Außenhandelsbeschränkung	Indirekte protektionistische Maßnahmen zur Beschränkung des Außenhandels

7. Stellen Sie fest, welche Auswirkungen protektionistische Maßnahmen auf die Spindler KG haben können.

8. Alle in der Handlungssituation genannten Länder gehören einem Wirtschaftsblock an.

  a) Ordnen Sie die folgenden Länder einem Wirtschaftsblock zu:

  Brasilien
  Ecuador
  Indonesien
  Kanada
  Neuseeland
  Norwegen
  Zypern

  b) Führen Sie den jeweiligen vollen Namen des Wirtschaftsblocks auf.

  c) Geben Sie einen kurzen Hinweis auf die Region, in der sich die Mitgliedstaaten des Wirtschaftsblocks befinden.

  d) Führen Sie mindestens zwei weitere Mitgliedsländer des Wirtschaftsblocks auf.

Wirtschaftsblock	Vollständiger Name	Land	Region	Beispiele für weitere Mitgliedsländer
EU				
EFTA				

LERNFELD 7 — GESAMTWIRTSCHAFTLICHE EINFLÜSSE AUF DAS GROSS- UND AUSSENHANDELSUNTERNEHMEN ANALYSIEREN

Wirtschaftsblock	Vollständiger Name	Land	Region	Beispiele für weitere Mitgliedsländer
NAFTA				
ACM				
Merkosur				
ASEAN				
APEC				

9. Begründen Sie, warum die Mitgliedschaft der Bundesrepublik in der Europäischen Union Vorteile für die Spindler KG bringt.

_____

_____

_____

_____

10. Führen Sie Merkmale der Wirtschaftsunion im Rahmen der EU auf.

_____

_____

_____

_____

_____

_____

WIR ERKENNEN DIE BEDEUTUNG VON GRUNDSÄTZLICHEN STRATEGIEN IN DER AUSSENWIRTSCHAFTSPOLITIK UND DER MITGLIEDSCHAFT IN INTERNATIONALEN WIRTSCHAFTSORGANISATIONEN

11. Geben Sie an, wodurch die Währungsunion gekennzeichnet ist.

12. Erläutern Sie den Begriff „Konvergenzkriterium".

13. Führen Sie die vier Konvergenzkriterien auf.

Kriterium	Bedeutung
	Hoher Grad an Preisniveaustabilität: Die Inflationsrate eines Landes darf – gemessen am Verbraucherpreisindex – im Jahr vor der Konvergenzprüfung um nicht mehr als 1,5 % über der Inflationsrate der drei Mitgliedstaaten mit der besten Preisstabilität liegen.
	Der durchschnittliche langfristige Nominalzins darf im Jahr vor der Konvergenzprüfung um nicht mehr als 2 % über der Inflationsrate der drei Mitgliedstaaten mit der besten Preisstabilität liegen.
	Ein Land gilt als qualifiziert, wenn es im Hinblick auf die Wechselkursentwicklung im Rahmen des Wechselkursmechanismus des Europäischen Währungssystems (EWS) die vorgesehenen normalen Bandbreiten zumindest in den letzten zwei Jahren vor der Prüfung ohne starke Spannungen eingehalten hat.
	Ein Land darf – kein übermäßiges Defizit (das Verhältnis zwischen Defizit und BIP darf nicht mehr als 3 % betragen); – keine übermäßige Verschuldung (das Verhältnis zwischen öffentlicher Bruttoverschuldung und BIP darf nicht mehr als 60 % betragen) aufweisen.

14. Erläutern Sie den Europäischen Wechselkursmechanismus.

WIR ERKENNEN DIE BEDEUTUNG VON GRUNDSÄTZLICHEN STRATEGIEN IN DER AUSSENWIRTSCHAFTSPOLITIK UND DER MITGLIEDSCHAFT IN INTERNATIONALEN WIRTSCHAFTSORGANISATIONEN

VERTIEFUNGS- UND ANWENDUNGSAUFGABEN

1. In diesem Suchrätsel sind 14 Wörter aus dem gesamten Lernfeld 7 verborgen.

L	J	D	S	Y	N	C	T	K	M	M	F	I	F	Z	C	P	E	Y	C	L	H	W	T	H
R	G	C	A	I	U	H	G	M	G	I	B	M	R	A	F	W	P	T	Y	I	O	C	Q	K
Y	C	Y	Q	J	D	M	F	Z	D	A	I	O	A	H	X	N	K	W	V	R	S	Z	I	M
W	K	S	E	K	O	V	O	L	N	F	O	Q	N	L	M	R	X	A	J	H	H	D	N	F
E	P	J	W	M	E	R	T	P	U	E	F	V	K	U	F	Y	B	B	B	U	J	M	D	D
C	E	B	S	N	O	F	M	T	T	K	F	X	F	N	T	C	Q	S	S	A	L	K	H	Z
H	U	S	K	T	H	J	L	Y	D	Q	E	J	U	G	C	E	C	C	L	Y	O	M	Z	F
S	J	K	H	N	D	N	Z	O	X	R	N	L	R	S	S	B	T	H	S	M	E	F	I	U
E	B	N	T	U	I	Z	U	R	X	W	M	K	T	B	D	Y	U	R	S	K	A	E	E	N
L	K	C	H	Q	W	M	E	X	J	I	A	U	F	I	L	G	W	E	P	J	K	W	P	Y
K	N	I	W	G	G	E	J	A	T	V	R	H	S	L	K	V	T	I	L	C	K	I	S	I
U	U	D	P	Y	G	Y	C	Z	Q	P	K	X	O	A	G	W	B	B	L	T	G	J	K	N
R	H	P	F	C	P	R	O	T	E	K	T	I	O	N	I	S	M	U	S	X	C	Q	X	G
S	Y	W	L	M	U	V	J	F	I	K	P	D	Q	Z	C	F	S	N	N	E	Z	M	A	L
H	T	A	U	S	G	A	B	E	N	P	O	L	I	T	I	K	X	G	V	E	C	A	D	J
E	I	N	N	A	H	M	E	N	P	O	L	I	T	I	K	E	Z	E	W	P	S	D	G	A
V	U	U	I	L	O	U	O	F	F	J	I	O	I	N	L	O	B	N	O	F	Z	Y	Z	V
K	U	Z	G	E	A	U	F	W	E	R	T	U	N	G	S	A	I	S	C	C	H	K	O	I
H	V	I	J	K	V	K	S	R	K	Y	I	E	M	B	A	R	G	O	Q	N	F	P	T	L
X	H	R	X	H	J	A	H	Z	T	P	K	P	G	N	U	W	C	O	K	B	L	S	M	K
Y	Z	P	N	P	C	E	H	A	D	H	A	N	D	E	L	S	B	I	L	A	N	Z	K	O
O	U	B	K	B	I	P	N	S	T	E	U	E	R	S	A	E	T	Z	E	P	I	X	U	O
L	T	E	B	G	T	Y	I	D	E	P	R	E	S	S	I	O	N	R	U	A	U	M	F	P
X	Y	Q	A	R	Z	A	Y	B	H	P	V	B	B	O	I	K	N	T	L	I	B	K	O	T
M	I	N	D	E	S	T	R	E	S	E	R	V	E	N	P	Q	U	K	U	S	S	T	E	U

Die Wörter bedeuten:

1. Kauf und Verkauf von Wertpapieren durch das ESZB:

2. Teilgebiet der Fiskalpolitik:

3. Einlagen, die die Kreditinstitute bei der jeweiligen nationalen Zentralbank unterhalten müssen:

LERNFELD 7 — GESAMTWIRTSCHAFTLICHE EINFLÜSSE AUF DAS GROSS- UND AUSSENHANDELSUNTERNEHMEN ANALYSIEREN

4. Eine der beiden grundsätzlichen Strategien in der Außenwirtschaftspolitik: Die wirtschaftliche Situation von Konsumenten und Produzenten soll durch Schutz des einheimischen Marktes verbessert werden:

5. Teilgebiet der Fiskalpolitik:

6. Gegenüberstellung aller wirtschaftlichen Transaktionen zwischen dem In- und Ausland innerhalb eines Jahres:

7. wichtiges Instrument neben den Steuern im Bereich der Fiskalpolitik (dort: Einnahmenpolitik):

8. Teilbilanz der Zahlungsbilanz:

9. Werden diese variiert, betreibt der Staat Fiskalpolitik:

10. Austauschverhältnis zwischen in- und ausländischer Währung, ausgedrückt in einem Preis:

11. Wechselkursänderung mit der Folge einer Erhöhung des Außenwertes der inländischen Währung:

12. Tiefstand (Phase der Konjunktur):

13. Sitz der Europäischen Zentralbank:

14. Verbot, mit anderen Staaten aus politischen Gründen Handel zu treiben:

Zur weiteren Vertiefung der Lerninhalte und Sicherung der Lernergebnisse empfehlen wir die Bearbeitung der Aufgaben und Aktionen in den Kapiteln 10 (Wir erkennen die Bedeutung des internationalen Freihandels und schätzen die Auswirkungen protektionistischer Maßnahmen ein) und 13 (Wir kennen internationale Handelsabkommen und Organisationen, die Einfluss auf Import und Export haben) des Lernfeldes 7 Ihres Lehrbuches „Groß im Handel, 2. Ausbildungsjahr".

WIR BEACHTEN ENTSCHEIDUNGEN DER EUROPÄISCHEN ZENTRALBANK

9 Wir beachten Entscheidungen der Europäischen Zentralbank

HANDLUNGSSITUATION

Anja Kruse ist gerade im Gespräch mit Frau Jonas, als Herr Spindler ins Zimmer kommt.

Herr Spindler: „Guten Morgen, Frau Jonas, guten Morgen, Anja!"
Frau Jonas: „Guten Morgen, Herr Spindler!"
Anja Kruse: „Guten Morgen!"
Herr Spindler: „Haben Sie heute Morgen Zeitung gelesen? Die EZB plant, in den nächsten 14 Tagen den Mindestreservesatz deutlich zu erhöhen, wird in interessierten und informierten Kreisen gemunkelt.
Wir wollten doch irgendwann in der nächsten Zeit mal bei der Bank wegen eines Kredits für den Bau der neuen Lagerhalle vorbei. Die Frage ist: Hat diese Entscheidung der EZB eine Auswirkung auf die Geschäfte der Spindler KG?"
Frau Jonas: „Wurde denn auch schon etwas über Entscheidungen im Bereich der Offenmarktgeschäfte und der ständigen Fazilitäten berichtet?"
Herr Spindler: „Da ist die EZB wohl noch am Überlegen."
Frau Jonas: „Na, schauen wir mal ..."

Herr Spindler: „Anja, Sie haben doch das Thema EZB bestimmt schon in der Berufsschule gehabt. Was meinen Sie denn: Hat die Mindestreserveerhöhung durch die EZB bestimmte Konsequenzen für uns?"
Anja Kruse: „Ja, natürlich ..."

Informationen zum Lösen der folgenden Handlungsaufgaben finden Sie im Lehrbuch „Groß im Handel, 2. Ausbildungsjahr" im Kapitel 11 (Wir erkennen, wie die europäische Zentralbank mithilfe ihrer Geldpolitik das Wirtschaftsgeschehen beeinflusst) des Lernfeldes 7.

HANDLUNGSAUFGABEN

1. Erläutern Sie das Problem, vor dem die Spindler KG steht.

2. Geben Sie die grundlegenden Aufgaben des Eurosystems an.

LERNFELD 7
GESAMTWIRTSCHAFTLICHE EINFLÜSSE AUF DAS GROSS- UND AUSSENHANDELSUNTERNEHMEN ANALYSIEREN

_____

_____

_____

3. Führen Sie Unterschiede zwischen der Europäischen Zentralbank (EZB) und den nationalen Zentralbanken (NZBs) an.

Aufgaben der EZB	einer NZB

4. Erläutern Sie den Begriff Geldpolitik.

_____

_____

_____

_____

5. Erklären Sie, wie die EZB Einfluss auf die gesamtwirtschaftliche Entwicklung nehmen kann. Geben Sie dazu den Einfluss einer Ausweitung der Geldmenge auf verschiedene volkswirtschaftliche Größen an.

Das Eurosystem nimmt Einfluss mithilfe geldpolitischer Instrumente auf die gesamtwirtschaftliche Entwicklung, indem es die Geldmenge reguliert.	
Grundgedanke:	Enge Beziehung zwischen Geldmenge, Preisniveau, Sozialprodukt und Beschäftigung
Beispiel:	
volkswirtschaftliche Größe	
Geldmenge	
Nachfrage	
Preisniveau	
Sozialprodukt	
Beschäftigung	

6. Ergänzen Sie die folgende Tabelle.

Überblick über die geldpolitischen Instrumente der EZB			
Instrument	Begriff	Maßnahme der EZB zur Ankurbelung der Konjunktur	Volkswirtschaftliche Auswirkung
Offenmarktpolitik			↓ _____ der Geldmenge ↓ _____ sinkt _____
Ständige Fazilitäten			_____ ↓ Kreditnachfrage _____ ↓ _____ der Nachfrage ↓
Mindestreservepolitik			der Konjunktur

LERNFELD 7   GESAMTWIRTSCHAFTLICHE EINFLÜSSE AUF DAS GROSS- UND AUSSENHANDELSUNTERNEHMEN ANALYSIEREN

7. Die EZB wendet bei Offenmarktgeschäften sehr oft das Tenderverfahren an.

Ergänzen Sie die folgende Tabelle.

Tenderverfahren	
Wertpapiere werden mittels einer Auktion auf dem Markt angeboten.	
Mengentender	*Zinstender*
Die EZB legt im Voraus schon den Zinssatz und das Gesamtvolumen fest Die Geschäftsbanken als Bieter der Auktion geben dann das Volumen ihrer Nachfragen an. Die EZB als Anbieter, der das Gesamtvolumen bestimmt, teilt dieses anschließend entsprechend den Quoten den Geschäftsbanken zu. Die Quoten errechnen sich aus den Verhältnissen der Bietervolumen.	Die bietenden Geschäftsbanken müssen bei ihren Geboten neben dem Volumen auch den Zinssatz nennen, zu dem sie bereit sind, (gegen Verpfändung der Wertpapiere) Zentralbankgeld auszuleihen.
	Holländisches Verfahren *Amerikanisches Verfahren*
	Die Geschäftsbanken geben ihre Gebote für die Zinssätze ab, die sie für den Erhalt des Geldes (gegen Verpfändung bzw. Verkauf der Wertpapiere) zahlen würden. Es wird ein einheitlicher Zinssatz ermittelt, der dem günstigsten zugeteilten Zinssatz entspricht. Dieser ist dann für alle beteiligten Geschäftsbanken gültig.	Die Zuteilung des Geldes an die Geschäftsbanken erfolgt zu den gebotenen Zinssätzen. Derjenige Zinssatz, zu dem gerade noch Geld ausgegeben werden kann, nennt sich marginaler Zinssatz.
Unterscheidung der Tenderverfahren nach der Ablaufgeschwindigkeit	
Standardtender	*Schnelltender*
Abwicklung innerhalb von 1 bis 2 Tagen	Abwicklung innerhalb weniger Stunden

8. Vervollständigen Sie die folgende Tabelle.

Ständige Fazilitäten	
Form von *Übernacht-* (für einen Geschäftstag) Krediten, die den Geschäftsbanken zur Refinanzierung eingeräumt werden bzw. Möglichkeit für die Geschäftsbanken, kurzfristig Guthaben anzulegen	
Spitzenrefinanzierungsfazilität	*Einlagefazilität*
Möglichkeit für Geschäftsbanken, sich kurzfristig (über Nacht) Geld bei der (EZB) zu beschaffen. Als Preis für die Inanspruchnahme dieses Kredits zahlen sie den von der EZB vorgegebenen Spitzenrefinanzierungssatz.	Möglichkeit für Geschäftsbanken, kurzfristig nicht benötigtes Geld bei der EZB anzulegen. Der Zinssatz liegt dabei immer unter dem Spitzenrefinanzierungsfazilitätszinssatz

9. Füllen Sie die Lücken in dem folgenden Text aus.
Verwenden Sie dabei die folgenden Begriffe:

> *Belastung – Einlagen – Geldschöpfung – Geschäftsbanken – hoch – Kreditkunden – Kreditvergaben – Rentabilität – teurere – verzinst – Zentralbank – Zinsniveau*

Bei der Mindestreservepolitik sind die _____ Geschäftsbanken _____ verpflichtet, einen Teil ihrer _____ Einlagen _____ bei der _____ Zentralbank _____ zu hinterlegen. Abhängig davon, wie _____ hoch _____ diese Mindestreserve ist, gestaltet sich der Handlungsspielraum der Geschäftsbanken, da diesen die Mindestreserven als Grundlage für weitere _____ Kreditvergaben _____ bzw. die Geldschöpfung entzogen wird.

Darüber hat die Mindestreservepolitik auch Einfluss auf das _____ Zinsniveau _____. Weil die Mindestreserven nur sehr gering _____ verzinst _____ werden, wirkt sich dies auch auf die _____ Rentabilität _____ der Geschäftsbanken aus. Diese wälzen die zusätzliche _____ Belastung _____ auf ihre Kreditkunden ab. Diese erhalten dann _____ teurere _____ Kredite angeboten.

10. Beurteilen Sie die Auswirkungen der Entscheidung der EZB auf die Spindler KG.

LERNFELD 7 — GESAMTWIRTSCHAFTLICHE EINFLÜSSE AUF DAS GROSS- UND AUSSENHANDELSUNTERNEHMEN ANALYSIEREN

VERTIEFUNGS- UND ANWENDUNGSAUFGABEN

1. Führen Sie bei den drei Maßnahmen der Geldpolitik die richtigen volkswirtschaftlichen Auswirkungen auf:

Wirkungen der Instrumente der Geldpolitik		
Eine **Senkung** des **Mindestreservesatzes** löst idealtypisch folgende Reaktionen aus:	Eine **Erhöhung** des **Refinanzierungssatzes** hat Folgendes zur Folge:	Eine **Senkung** der Zinsen auf **Offenmarktpapiere** bewirkt Folgendes:
Die Banken können von ihren Einlagen einen _____ Teil als Kredite an Unternehmen und Privatpersonen vergeben.	Es wird für die Banken _____, sich bei der Notenbank mit Geld zu versorgen.	Es wird für Banken _____ lukrativ, Offenmarktpapiere zu kaufen.
Die Banken können _____ Kredite vergeben; die Geldschöpfungsmöglichkeiten _____.	Sie geben die _____ Kosten an ihre Kunden weiter.	Deshalb kaufen sie _____ Offenmarktpapiere und vergeben _____ Kredite.
Der Geldumlauf _____ dadurch.	Es werden _____ Kredite vergeben.	Der Geldumlauf _____ dadurch.
Ein _____ Geldumlauf _____ die Inflation, da die Nachfrage _____.	Der Geldumlauf _____ dadurch.	Ein _____ Geldumlauf _____ die Inflation.
Da _____ Geld für Kredite zur Verfügung steht, _____ der Zins; Zinsen sind der Preis für Geld, also ein Knappheitsindikator.	Ein _____ Geldumlauf _____ die Inflation.	Da _____ Geld für Ausleihungen zur Verfügung steht, _____ der Zins.
_____ Zinsen _____ _____.	_____ Zinsen führen zu _____ und damit zu einer _____ der eigenen Währung.	_____ Zinsen _____ die Wirtschaft an.
Bei _____ Zinsniveau wird _____ gespart und _____ konsumiert bzw. investiert.	Aufwertungen _____ Inflation und Wirtschaftswachstum zusätzlich.	_____ Zinsen führen zu _____ und damit zu einer _____ der eigenen Währung.
_____ Zinsen führen zu _____ und damit zu einer _____ der eigenen Währung.		_____ Inflation und Wirtschaftswachstum zusätzlich.
_____ Inflation und Wirtschaftswachstum zusätzlich.		

Zur weiteren Vertiefung der Lerninhalte und Sicherung der Lernergebnisse empfehlen wir die Bearbeitung der Aufgaben und Aktionen im Kapitel 11 (Wir erkennen, wie die Europäische Zentralbank mithilfe ihrer Geldpolitik das Wirtschaftsgeschehen beeinflusst) des Lernfeldes 7 Ihres Lehrbuches „Groß im Handel, 2. Ausbildungsjahr"

2. Nennen Sie je drei Vorteile (Chancen) und Nachteile (Risiken), die mit der Einführung des Euros verbunden sein können.

Chancen	Risiken

3. Warum ist das Verhältnis zwischen der Geldmenge und dem Wert der Güter so wichtig in einer Volkswirtschaft?

_____
_____
_____
_____
_____
_____

4. Welche Aufgabe hat der Harmonisierte Verbraucherpreisindex HVPI?

_____
_____
_____

LERNFELD 7 — GESAMTWIRTSCHAFTLICHE EINFLÜSSE AUF DAS GROSS- UND AUSSENHANDELSUNTERNEHMEN ANALYSIEREN

5. Warum beobachtet die EZB Indikatoren wie den Ölpreis oder die Löhne und Gehälter in der Eurozone zur Durchführung wirtschaftlicher Analysen?

6. Welche Ziele verfolgt die EZB mit der Mindestreservepolitik?

1 Wir unterscheiden und entwickeln Preisstrategien

HANDLUNGSSITUATION

Frau Matz, Sachbearbeiterin im Verkauf der Spindler KG, bittet Thomas Zimmermann darum, dass er sich mit einer Preisaktion der Konkurrenz befasst. Die Preise der Konkurrenz liegen weit unter denen der Spindler KG. Hierzu hat Frau Matz folgende Informationen über ein paar ausgewählte Artikel vorliegen:

Artikel	Damen-Feinkniestrümpfe, alle Farben und Größen	Herren-Skijacke Feuer & Eis, Modell: Yosemite Deluxe	Damen-Thermounterhemd von Outback, weiß
Preis Weinberg AG normal	0,89 €	329,00 €	12,99 €
Preis Weinberg AG laut aktuellem Angebot	0,89 €	299,00 €	8,99 €
Preis Spindler KG normal	0,99 €	329,00 €	11,99 €

Frau Matz möchte wissen, wie die Konkurrenz sich eine solche Preisbildung leisten kann und welches Ziel sie hiermit verfolgt. Sie bittet Thomas also darum, dass er ihr am Nachmittag die Ergebnisse seiner Nachforschungen präsentiert.

Thomas' Recherchen in der einschlägigen Fachliteratur führen ihn zu folgendem Informationstext:

Grundlagen der Preisbildung

Verschiedene Faktoren beeinflussen den Preis. Insbesondere sind natürlich das Angebot und die Nachfrage als solche Faktoren zu nennen, aber auch betriebliche Ziele und Vorgaben, Kosten und die Konkurrenz sind als solche zu beachten und somit auch in der Preiskalkulation zu berücksichtigen.

Die Marktverhältnisse können so sein, dass für den Unternehmer bezüglich der Bestimmung des Verkaufspreises kein Spielraum besteht (Verkaufspreis vorgegeben), dass der Bezugspreis für bestimmte Produkte durch die Lieferer vorgegeben wird, da diese z. B. eine große Marktmacht besitzen (Bezugspreis vorgegeben), oder dass sowohl Bezugs- als auch Verkaufspreis vorgegeben sind.

In jeder dieser Situationen sind dem Großhändler unterschiedliche Rahmenbedingungen für seine Kalkulation vorgegeben, da er unterschiedliche Kalkulationsgrößen nicht beeinflussen kann. Somit ist jeweils ein anderes Vorgehen zur Ermittlung des Preises (Kalkulationsverfahren) erforderlich. Bei den Kalkulationsverfahren darf nie außer Acht gelassen werden, dass der Großhändler mindestens kostendeckend wirtschaftet und darüber hinaus zusätzlich einen kalkulierten Gewinn einbringt.

Um dies zu erreichen, darf der Großhändler seine Waren langfristig nicht unter seiner absoluten Preisuntergrenze anbieten. Diese ist vorgegeben durch den Bezugspreis der Waren zuzüglich aller Kosten, die beim Händler selbst anfallen (Selbstkostenpreis), zuzüglich der Umsatzsteuer, da diese an das Finanzamt abgeführt werden muss.

Von einer Preisobergrenze spricht man, wenn ein Großhändler den Verkaufspreis nicht beeinflussen kann. Unter solchen Marktbedingungen muss der Unternehmer so kalkulieren, dass der Einkaufspreis eine Obergrenze nicht überschreitet, da ansonsten der geplante Gewinn nicht erwirtschaftet werden kann.

Informationen zum Lösen der folgenden Handlungsaufgaben finden Sie in Ihrem Schulbuch, z. B. im Lehrbuch „Groß im Handel, 2. Ausbildungsjahr" im Lernfeld 8.

LERNFELD 8

PREISPOLITISCHE MASSNAHMEN ERFOLGSORIENTIERT VORBEREITEN UND STEUERN

HANDLUNGSAUFGABEN

1. Ermitteln Sie, welche Aufgaben Thomas Zimmermann zu erledigen hat.

2. Stellen Sie mithilfe des Informationstextes zu den Grundlagen der Preisbildung heraus, woran es liegen könnte, dass die Weinberg AG sich diese Preise erlauben kann. Verwenden Sie Fachbegriffe.

3. Unterscheiden Sie die verschiedenen Arten der Preisstrategien in Ihren eigenen Worten. Lesen Sie dazu neben dem Informationstext auch die Ausführungen zu Mischkalkulation, Sonderangeboten, Preisdifferenzierung und Rabattgewährung in Ihrem Lehrbuch.

Preisdifferenzierung	Mischkalkulation	Sonderangebote	Rabatte

4. Bestimmen Sie die mögliche Strategie der Konkurrenz der Spindler KG. Beziehen Sie sich dabei auch auf die Handlungssituation und stellen Sie Überlegungen über die Gründe für die Preisunterschiede an.

5. Bereiten Sie gemeinsam mit Ihrem Tischnachbarn das Gespräch zwischen Thomas Zimmermann und Frau Matz vor.

   Hinweis: Stellen Sie sich darauf ein, dass Sie die Ergebnisse vor der Klasse präsentieren. Nutzen Sie das folgende Lösungsfeld zum Notieren von Stichworten.

LERNFELD 8

PREISPOLITISCHE MASSNAHMEN ERFOLGSORIENTIERT VORBEREITEN UND STEUERN

VERTIEFUNGS- UND ANWENDUNGSAUFGABEN

1. Geben Sie die Art der Preisdifferenzierung in den folgenden Fällen an:

   a) Ein Kosmetikprodukthändler wirbt damit, dass er allen Kundinnen, die zwischen 14 und 20 Jahre alt sind, einen Preisnachlass von 12 % gewährt.

   b) Die Spindler KG bietet Schreibblöcke in verschiedenen Städten zu unterschiedlichen Preisen an.

   c) Ein Sportartikelhändler verlangt für einen Golfball 0,39 €. Bei der Abnahme von 10 Bällen sinkt der Preis auf 0,37 €, bei 50 Bällen auf 0,35 € und bei 100 Bällen auf 0,32 € je Ball.

   d) Ein Outdoor-Fachhändler bietet Campingartikel in der Zeit von September bis März preisgünstiger als im Rest des Jahres an.

Zur weiteren Vertiefung der Lerninhalte und Sicherung der Lernergebnisse empfehlen wir die Bearbeitung der Aufgaben in Ihrem Schulbuch, z. B. im Lehrbuch „Groß im Handel, 2. Ausbildungsjahr" im Lernfeld 8.

2 Wir kalkulieren Verkaufspreise und wenden unterschiedliche Preisstrategien an I – Vorwärtskalkulation – Kalkulationszuschlag – Kalkulationsfaktor

HANDLUNGSSITUATION

Nachdem sich Thomas Zimmermann nun einige Wochen mit den theoretischen Grundlagen der Preisbildung befasst hat, wird Frau Matz langsam nervös, weil die Konkurrenz weitere Niedrigpreise bewirbt, die die Spindler KG nicht halten kann.

Frau Matz hat daher eine völlig neue Modeschmuckkollektion, die „Shining Stars", auf der Messe bestellt, für die jetzt der Verkaufspreis kalkuliert werden muss. Hierzu stellt sie Thomas Zimmermann die notwendigen Daten zur Verfügung:

Frau Matz: „Thomas, bitte informieren Sie sich ausführlich über die Ermittlung von Verkaufspreisen und ermitteln Sie für die neue Kollektion ‚Shining Stars' einen angemessenen Verkaufspreis. Wichtige Eckdaten, die Sie bei der Berechnung berücksichtigen müssen, habe ich Ihnen auf diesem Zettel zusammengestellt."

Thomas: „Okay, ich werde mein Bestes versuchen."

Frau Matz: „Schön. Wenn Sie den Verkaufspreis ermittelt haben, sollten die Daten für die ‚Shining Stars' als Grundlage für die Neuauspreisung aller Schmuckkollektionen im Sortiment fühlen. Legen Sie also bitte die Daten zugrunde und ermitteln Sie dann mit einem möglichst einfachen Verfahren neue Preise für alle vergleichbaren Kollektionen in der Warengruppe. Und vergessen Sie mir bitte die Umsatzsteuer nicht."

Thomas: „Ja, ich glaube, dass ich zu den Vereinfachungen bereits etwas in meinem Lehrbuch gesehen habe. Ich werde mir die Seiten einmal genau anschauen und die neuen Preise berechnen."

Frau Matz: „Das hört sich doch wunderbar an. Bitte erläutern Sie mir dabei auch Ihre genauen Berechnungen, damit ich diese nachvollziehen und überprüfen kann."

Thomas: „Das werde ich tun."

Frau Matz: „Gut, dann erwarte ich Ihre Ergebnisse am heutigen Nachmittag."

Werte für die Kalkulation der Verkaufspreise der neuen Modeschmuckkollektion:

Listeneinkaufspreis: .... 70,00 €	Gewinnzuschlag: .... 11 %
Liefererrabatt: .... 10 %	Kundenskonto: .... 2 %
Liefererskonto: .... 2 %	Vertreterprovision: .... 4 %
Bezugskosten: .... 2,67 € netto	Kundenrabatt: .... 10 %
Handlungskosten der Spindler KG betragen: .... 43 %	

Vergleichbare Modeschmuckkollektionen im Sortiment der Spindler KG:

Kollektion	Bezugspreis	Aktueller Listenverkaufspreis (netto)
Diamonds & Pearls	39,78 €	79,95 €
Bling Bling	56,46 €	109,99 €
Young Miss	34,97 €	65,95 €
Elegance	72,45 €	159,99 €

Informationen zum Lösen der folgenden Handlungsaufgaben finden Sie in Ihrem Schulbuch, z. B. im Lehrbuch „Groß im Handel, 2. Ausbildungsjahr" im Lernfeld 8.

LERNFELD 8

PREISPOLITISCHE MASSNAHMEN ERFOLGSORIENTIERT VORBEREITEN UND STEUERN

HANDLUNGSAUFGABEN

1. Ermitteln Sie, welche Aufgaben Thomas Zimmermann zu erledigen hat.

2. Ermitteln Sie mithilfe der Vorwärtskalkulation den Bruttoverkaufspreis der Kollektion „Shining Stars". Verwenden Sie hierzu die obigen Notizen von Frau Matz und das beigefügte Rechenschema.

Hinweis: Nebenrechnungen können Sie bereits in das Lösungsfeld zu Handlungsaufgabe 3 eintragen.

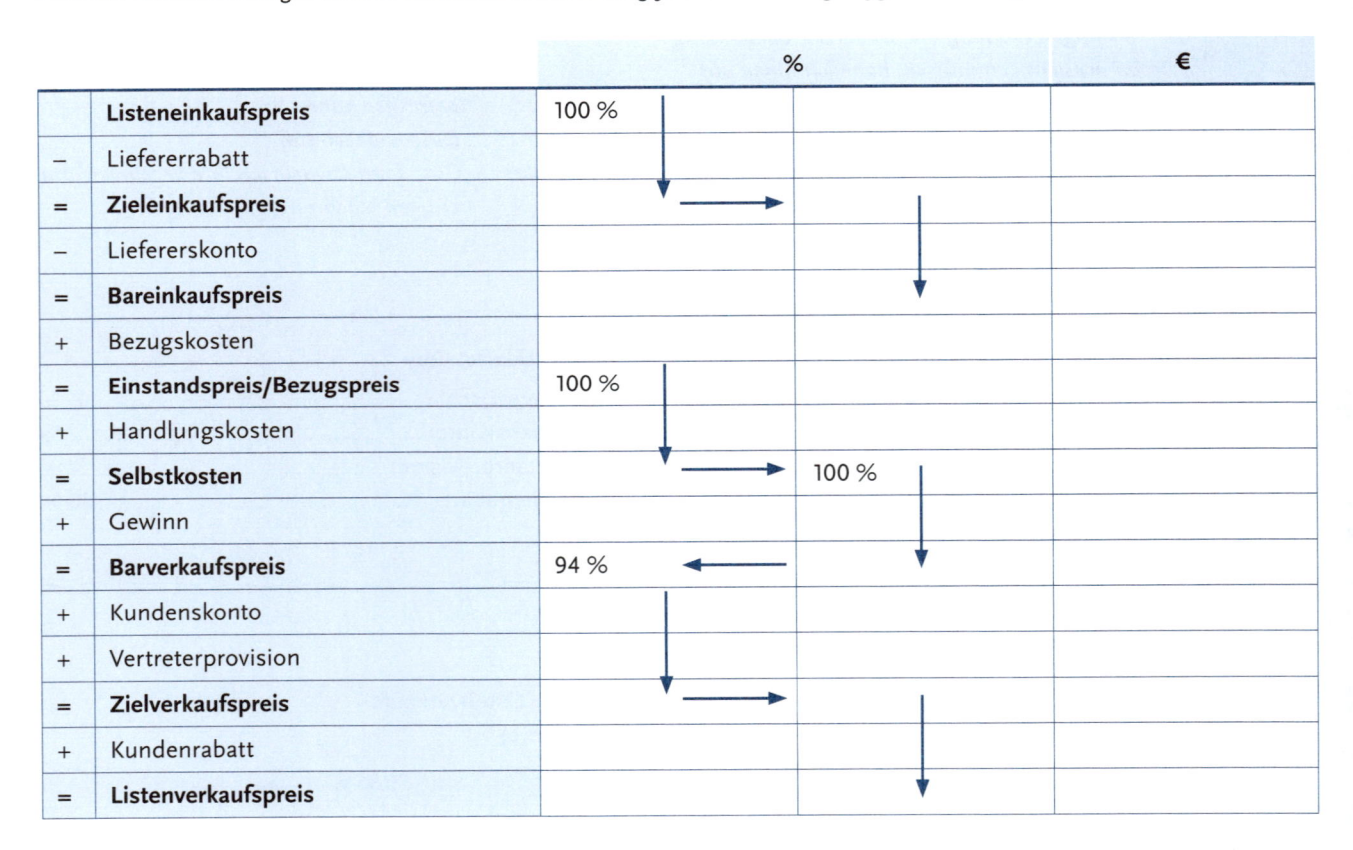

		%			€
	Listeneinkaufspreis	100 %			
–	Lieferrabatt				
=	**Zieleinkaufspreis**				
–	Liefererskonto				
=	**Bareinkaufspreis**				
+	Bezugskosten				
=	**Einstandspreis/Bezugspreis**	100 %			
+	Handlungskosten				
=	**Selbstkosten**			100 %	
+	Gewinn				
=	**Barverkaufspreis**	94 %			
+	Kundenskonto				
+	Vertreterprovision				
=	**Zielverkaufspreis**				
+	Kundenrabatt				
=	**Listenverkaufspreis**				

3. Machen Sie sich Notizen für die Vorstellung Ihrer Berechnungen bei Frau Matz. Insbesondere die Nebenrechnungen sollten Sie sich merken.

4. Informieren Sie sich in Ihrem Lehrbuch über das vereinfachte Verfahren der Vorwärtskalkulation mithilfe des Kalkulationszuschlags. Geben Sie wieder, was man unter dem Kalkulationszuschlag versteht, wie man ihn berechnet und welche Bedeutung er bei der Verkaufspreisermittlung hat.

5. Ermitteln Sie den neuen einheitlichen Kalkulationszuschlag für die Schmuckkollektionen der Spindler KG mithilfe der Daten für die Kollektion „Shining Stars".

LERNFELD 8 PREISPOLITISCHE MASSNAHMEN ERFOLGSORIENTIERT VORBEREITEN UND STEUERN

6. Berechnen Sie die neuen Verkaufspreise der Kollektionen „Diamonds & Pearls" und „Bling Bling" mithilfe des Kalkulationszuschlags. Geben Sie auch die Nebenrechnungen an.

7. Als weitere Vereinfachung der Kalkulation von Verkaufspreisen kann man mit dem Kalkulationsfaktor rechnen.

Informieren Sie sich in Ihrem Lehrbuch über die Verkaufspreisermittlung mithilfe des Kalkulationsfaktors. Geben Sie mit eigenen Worten allgemein wieder, wie man mit dem Kalkulationsfaktor Verkaufspreise berechnet.

8. Berechnen Sie die Preise der Kollektion „Young Miss" und der Kollektion „Elegance" mithilfe des Kalkulationsfaktors.

9. Bereiten Sie sich darauf vor, Frau Matz Ihre Ergebnisse zu präsentieren und Ihre Berechnungen zu erläutern.

VERTIEFUNGS- UND ANWENDUNGSAUFGABEN

1. Sie haben die Verkaufspreise der Weinberg AG in einer Filiale herausgesucht. Überlegen Sie sich, ob die Spindler KG Möglichkeiten hat, ihre Preise an die Preise der Weinberg AG anzupassen. Geben Sie an, ob und wie die Preise angepasst werden könnten/sollten.

Kollektion	Listenverkaufspreis (netto) Weinberg AG
Diamonds & Pearls	77,50 €
Bling Bling	105,50 €
Young Miss	65,95 €
Elegance	149,95 €

LERNFELD 8

PREISPOLITISCHE MASSNAHMEN ERFOLGSORIENTIERT VORBEREITEN UND STEUERN

2. Nina Kröger hat heute den ganzen Tag mit Herrn Trumpf zu tun.
9 Uhr.

Herr Trumpf kommt zu Nina Kröger.

Herr Trumpf: „Hallo Frau Kröger."
Nina Kröger: „Guten Tag, Herr Trumpf!"
Herr Trumpf: „Ich habe hier ein Angebot der Firma Francesco Benigni vorliegen ... Eine sehr interessante Sache. Sie bietet uns einen italienischen Designeranzug für einen Bezugspreis von 300,00 € das Stück an. Wir haben uns entschieden, eine größere Menge zu bestellen. Es muss jetzt nur noch der Verkaufspreis ermittelt werden. Das könnten Sie übernehmen. Ich muss nämlich kurz bei Frau Bering vorbei. Ach so: Wir haben in dieser Warengruppe einen Handlungskostenzuschlag von 50 % errechnet. Und dann gibt es noch einen Gewinnzuschlag von 20 %. Berücksichtigt werden muss noch die Möglichkeit eines 25-prozentigen Kundenrabatts und eines 2-prozentigen Kundenskontos."
Nina Kröger: „Aber ich habe das noch nie gemacht."
Herr Trumpf: „Das ist nicht so schlimm, wie es sich anhört. Schauen Sie mal in Ihr Lehrbuch. Da muss es ein Schema der Verkaufskalkulation geben. Und dann bin ich ja nachher noch zum Vergleichen da."

a) Erläutern Sie bei jedem Begriff im folgenden Schema der Verkaufskalkulation die Bedeutung.

b) Berechnen Sie den Nettolistenverkaufspreis.

Begriff	Erläuterung	Berechnung in €
Bezugspreis (Einstandspreis)		
+ Handlungskostenzuschlag		
Selbstkostenpreis		
+ Gewinnzuschlag		

WIR KALKULIEREN VERKAUFSPREISE UND WENDEN UNTERSCHIEDLICHE PREISSTRATEGIEN AN I

Begriff	Erläuterung	Berechnung in €
Barverkaufspreis		
+ Kundenskonto		
Zielverkaufspreis		
+ Kundenrabatt		
Listenverkaufspreis, netto		

3. 13 Uhr.

Herr Trumpf: „Wir haben ja heute die neue Bademodenkollektion von duogema hereinbekommen. In dieser Warengruppe rechnen wir mit einem Handlungskostenzuschlag von 30 % und einen Gewinnzuschlag von 20 %. Einkalkuliert werden müssen auch 20 % Kundenrabatt und 2 % Kundenskonto. Da haben wir Folgendes:
– Badehose Waikiki mit einem Bezugspreis von 20,00 €,
– Badehose Montego Bay mit einem Bezugspreis von 24,00 €,
– Badehose Sylt mit einem Bezugspreis von 28,80 €,
– Badehose Madeira mit einem Bezugspreis von 40,00 € und
– Badehose Mallorca mit einem Bezugspreis von 52,00 €.
Berechnen Sie doch schnell mal die jeweiligen Nettolistenverkaufspreise."

Nina Kröger: „Auweia, fünfmal Kalkulationsschema aufstellen, fünfmal lange Berechnungen vornehmen!"

Herr Trumpf: „Nein, so schlimm wird es nicht! Um dem zu entgehen, hat man sich einen Trick einfallen lassen: Der Großhandel arbeitet hier mit dem Kalkulationszuschlag. Dies ist der prozentuale Unterschied zwischen Bezugspreis und Nettolistenverkaufspreis, ausgedrückt in Prozent des Bezugspreises. Danach fünf kurze Rechnungen, und Sie haben die Nettolistenverkaufspreise."

LERNFELD 8

PREISPOLITISCHE MASSNAHMEN ERFOLGSORIENTIERT VORBEREITEN UND STEUERN

a) **Ermitteln Sie den Kalkulationszuschlag der Warengruppe Badehosen**

Der Bezugspreis wird zunächst einmal gleich 100,00 € gesetzt.

Begriff	Berechnung in €	
Bezugspreis (Einstandspreis)	100,00	
+ Handlungskostenzuschlag	30,00	Kalkulationszuschlag:
Selbstkostenpreis		
+ Gewinnzuschlag		
Barverkaufspreis		
+ Kundenskonto		
Zielverkaufspreis		
+ Kundenrabatt		
Listenverkaufspreis, netto		

b) **Berechnen Sie die Nettolistenpreise der Badehosen.**

Badehose	Waikiki	Montego Bay	Sylt	Madeira	Mallorca
Bezugspreis in €					
Berechnung					
Nettolistenverkaufspreis in €					

4. 14 Uhr.

Herr Trumpf: „So, jetzt müssen wir auch die Badeanzüge von duogema kalkulieren und die Nettolistenverkaufspreise berechnen. Wir haben hier Handlungskostenzuschläge von 20 % und Gewinnzuschläge von 40 %. Einkalkuliert werden müssen auch 25 % Kundenrabatt und 2 % Kundenskonto.
Wir haben vier Modelle geordert:
– Badeanzug Diana, Bezugspreis: 22,50 €,
– Badeanzug Aphrodite, Bezugspreis: 30,00 €,
– Badeanzug Helena, Bezugspreis: 38,80 €,
– Badeanzug Sophia, Bezugspreis: 52,00 €."

Nina Kröger: „Gut, jetzt weiß ich, wie das mit den Kalkulationszuschlägen geht, dann gehe ich mal an die Arbeit."

Herr Trumpf: „Halt. Ich zeige Ihnen mal, wie man die Nettolistenverkaufspreise mit dem Kalkulationsfaktor berechnet. Das geht noch einen Tick schneller als mit dem Kalkulationszuschlag."

a) Ermitteln Sie den Kalkulationsfaktor.

Begriff	Berechnung in €	
Bezugspreis (Einstandspreis)		
+ Handlungskostenzuschlag		Kalkulationsfaktor:
Selbstkostenpreis		
+ Gewinnzuschlag		
Barverkaufspreis		
+ Kundenskonto		
Zielverkaufspreis		
+ Kundenrabatt		
Listenverkaufspreis, netto		

b) Berechnen Sie die Nettolistenverkaufspreise der Badeanzüge.

Badeanzug	Diana	Aphrodite	Helena	Sophia
Bezugspreis in €				
Berechnung				
Nettolistenverkaufspreis in €				

LERNFELD 8

PREISPOLITISCHE MASSNAHMEN ERFOLGSORIENTIERT VORBEREITEN UND STEUERN

5. Martin Solms muss für seinen Ausbilder verschiedene Verkaufspreise kalkulieren. Helfen Sie ihm dabei.

a) Die Spindler KG bezieht Herrenoberhemden zum Bezugspreis von 60,00 € je Stück. Sie kalkuliert den Listenverkaufspreis mit 40 % Handlungskosten, 10 % Gewinn und 1,5 % Kundenskonto, 7 % Vertreterprovision und 8 % Kundenrabatt.

Berechnen Sie den Listenverkaufspreis.

b) Die Spindler KG bezieht Trainingsanzüge zum Bezugspreis von 50,00 € je Stück und bietet sie zum Listenverkaufspreis von 92,00 € je Stück an.

Berechnen Sie den Kalkulationszuschlag.

c) Die Spindler KG kalkuliert die Bruttoverkaufspreise für die Warenart Sporthosen mit 60 % Handlungskosten, 15 % Gewinn und 2 % Kundenskonto, 5 % Vertreterprovision und 5 % Kundenrabatt. **Berechnen Sie den Kalkulationszuschlag.**

a) Bezugspreis (Einstandspreis) 100,00 €
   + 60 % Handlungskosten 60,00 €
   = Selbstkostenpreis 160,00 €
   + 15 % Gewinn 24,00 €
   = Barverkaufspreis 184,00 €
   + 2 % Kundenskonto 3,96 €
   + 5 % Vertreterprovision 9,89 €
   = Zielverkaufspreis 197,85 €
   + 8 % Kundenrabatt 10,41 €
   = Listenverkaufspreis 208,26 €
b) Nettoverkaufspreis 208,26 €

d) **Es soll der Kalkulationsfaktor für die Warenart Sportschuhe ermittelt werden.** Die Spindler KG kalkuliert diese Warenart mit einem Kalkulationszuschlag von 62,5 %. Der Bezugspreis liegt bei 100,00 €.

e) Die Spindler KG kalkuliert Damenblusen mit einem Kalkulationsfaktor von 1,325. **Sie erhalten den Auftrag, den Listenverkaufspreis für einen Fußball zu kalkulieren, der zum Bezugspreis von 30,00 € eingekauft wurde.**

Zur weiteren Vertiefung der Lerninhalte und Sicherung der Lernergebnisse empfehlen wir die Bearbeitung der Aufgaben in Ihrem Schulbuch, z. B. im Lehrbuch „Groß im Handel, 2. Ausbildungsjahr" im Lernfeld 8.

LERNFELD 8
PREISPOLITISCHE MASSNAHMEN ERFOLGSORIENTIERT VORBEREITEN UND STEUERN

3 Wir kalkulieren Verkaufspreise und wenden unterschiedliche Preisstrategien an II – Rückwärtskalkulation – Kalkulationsabschlag – Handelsspanne

HANDLUNGSSITUATION

Durch die von Thomas Zimmermann angestellten Berechnungen zu den Verkaufspreisen bei den Modeschmuckkollektionen wurden die Preise umgestellt. Auch die Erkenntnisse zu möglichen preispolitischen Maßnahmen wurden umgesetzt. Erste Verkaufserfolge lassen sich aus den aktuellen Absatzzahlen erkennen. Nach diesen tollen Ergebnissen wendet sich Frau Matz mit einer weiteren Aufgabe an Thomas Zimmermann.

Frau Matz: „Hallo Thomas, ich habe mal wieder einen Auftrag, bei dem Sie mir Preise berechnen sollen."

Thomas: „Guten Morgen, Frau Matz. Das hört sich interessant an. Was kann ich für Sie tun?"

Frau Matz: „Ich möchte in unser Warensortiment unbedingt den neuen Skianzug ‚Snow Rider' der Marke ‚SnowStyle' aufnehmen, da gerade junge Leute dieses Produkt verstärkt nachfragen."

Thomas: „Oh ja, das stimmt! Das ist ein toller Anzug von einer angesagten Marke. Wir sollten ihn unbedingt aufnehmen."

Frau Matz: „Ich sehe, Sie gehören offenbar zur Zielgruppe dieses Produkts. Bei den Produkten dieser Marke ist es aber so, dass wir unsere Verkaufspreise nur bedingt selbst bestimmen können. SnowStyle möchte, dass wir das Produkt für 499,00 € brutto verkaufen, das entspricht einem Listenverkaufspreis von 419,33 €. Viele andere Anbieter von Skibekleidung gehen ähnlich vor."

Thomas: „Hmm ... dann brauche ich doch aber gar keinen Verkaufspreis zu kalkulieren, oder?"

Frau Matz: „Richtig, denn dieser Preis ist schon vorgegeben. Aber wir müssen ja dennoch überprüfen, ob das Anbieten solcher Produkte für uns rentabel ist. Wenn wir jetzt also mit den Herstellern in Verhandlungen treten, um die Produkte einzukaufen, müssen wir wissen, bis zu welchem Einkaufspreis wir überhaupt den von uns in diesem Segment angestrebten Gewinn von 17 % erzielen. In unsere Überlegungen müssen wir einbeziehen, dass wir unseren Kunden einen Skontoabzug von 2 % und einen Rabatt von bis zu 10 % gewähren. Außerdem fallen für unsere Vertreter regelmäßig Provisionen in Höhe von 4 % an. Wir gehen ferner davon aus, dass uns 7 % Liefererrabatt und üblicherweise 2 % Liefererskonto von SnowStyle gewährt werden."

Thomas: „Ich verstehe, was Sie meinen. Wir haben also den Verkaufspreis und die Zahlen unseres Unternehmens und ich soll berechnen, wie hoch der Einkaufspreis sein darf, damit wir 17 % Gewinn erzielen?"

Frau Matz: „Ich sehe, Sie haben die Problematik verstanden. Informieren Sie sich bitte über das detaillierte Vorgehen bei derartigen Kalkulationen. Bitte gehen Sie bei Ihren Berechnungen davon aus, dass wir in diesem Segment mit Handlungskosten von 37 % kalkulieren, und ermitteln Sie die benötigten Zahlen auch für die anderen Produkte, die ich Ihnen in einer Liste zur Verfügung stellen werde. Vielleicht können Sie die Berechnung vereinfachen. Die Ergebnisse möchte ich dann morgen früh von Ihnen erklärt bekommen."

Thomas: „Alles klar, ich werde dann morgen früh zu Ihnen kommen."

Informationen zum Lösen der folgenden Handlungsaufgaben finden Sie in Ihrem Schulbuch, z. B. im Lehrbuch „Groß im Handel, 2. Ausbildungsjahr" im Lernfeld 8.

WIR KALKULIEREN VERKAUFSPREISE UND WENDEN UNTERSCHIEDLICHE PREISSTRATEGIEN AN II

HANDLUNGSAUFGABEN

1. Stellen Sie fest, welche Aufgaben Thomas Zimmermann zu erledigen hat.

_____

_____

_____

_____

_____

_____

2. Ermitteln Sie mithilfe der Rückwärtskalkulation den maximalen Bezugspreis für den Skianzug. Verwenden Sie hierzu das beigefügte Rechenschema.

Hinweis: Nebenrechnungen können Sie bereits in das Lösungsfeld zu Handlungsaufgabe 3 eintragen.

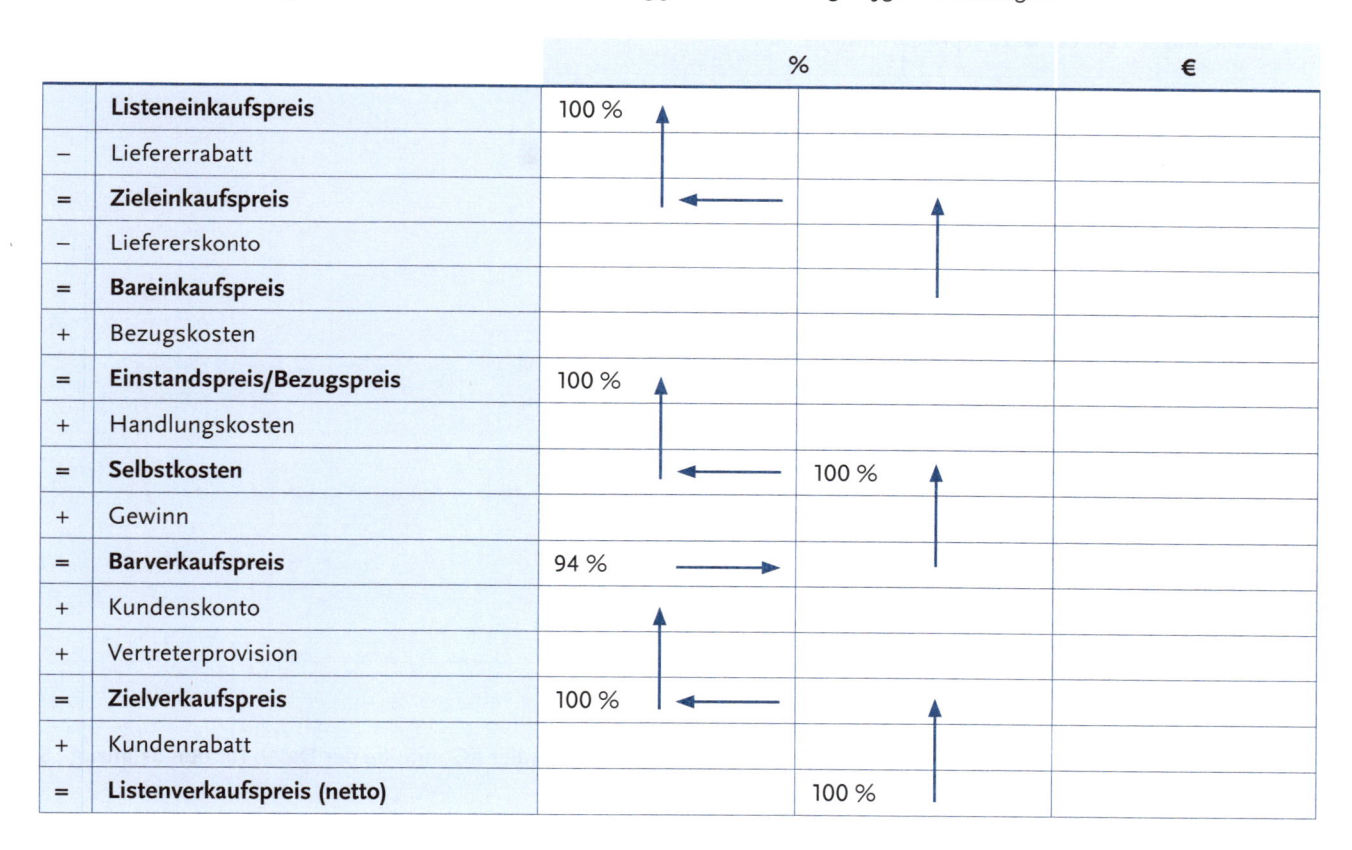

		%		€
	Listeneinkaufspreis	100 %		
−	Liefererrabatt			
=	**Zieleinkaufspreis**			
−	Liefererskonto			
=	**Bareinkaufspreis**			
+	Bezugskosten			
=	**Einstandspreis/Bezugspreis**	100 %		
+	Handlungskosten			
=	**Selbstkosten**		100 %	
+	Gewinn			
=	**Barverkaufspreis**	94 %		
+	Kundenskonto			
+	Vertreterprovision			
=	**Zielverkaufspreis**	100 %		
+	Kundenrabatt			
=	**Listenverkaufspreis (netto)**		100 %	

LERNFELD 8

PREISPOLITISCHE MASSNAHMEN ERFOLGSORIENTIERT VORBEREITEN UND STEUERN

3. Machen Sie sich Notizen für die Vorstellung Ihrer Berechnungen bei Frau Matz. Insbesondere die Nebenrechnungen sollten Sie sich merken.

4. Als weitere Möglichkeit zur Kalkulation des maximalen Bezugspreises dient die Handelsspanne.

Informieren Sie sich in Ihrem Lehrbuch über die Berechnung des Bezugspreises mithilfe der Handelsspanne. Geben Sie mit eigenen Worten allgemein wieder, was man unter der Handelsspanne versteht, wie man sie berechnet und welche Bedeutung sie bei der Bezugspreisermittlung hat.

5. Ermitteln Sie die Handelsspanne in Prozent für die Skianzüge der Spindler KG mithilfe der Daten für den Skianzug „Snow Rider".

6. Aus einer E-Mail von Frau Matz entnehmen Sie folgende Liste mit den vorgegebenen Verkaufspreisen für weitere Skianzüge anderer Hersteller.

Modell	Bezugspreis	Vorgegebener Listenverkaufspreis
Black Hawk	235,29 €	399,00 €
Rote Piste	302,52 €	479,00 €

Berechnen Sie die maximalen Bezugspreise des Skianzugs „Black Hawk" und des Skianzugs „Rote Piste" mithilfe der Handelsspanne.

7. Bereiten Sie sich darauf vor, Frau Matz Ihre Ergebnisse zu präsentieren und Ihre Berechnungen zu erläutern.

LERNFELD 8

PREISPOLITISCHE MASSNAHMEN ERFOLGSORIENTIERT VORBEREITEN UND STEUERN

VERTIEFUNGS- UND ANWENDUNGSAUFGABEN

1. Sie haben für Frau Matz die Einkaufspreise für die Skianzüge ermittelt. **Geben Sie mithilfe der Zahlen aus dem Beispiel an, welche Konsequenzen es haben könnte, wenn die berechneten Einkaufspreise nicht erzielt werden können.**

2. Schildern Sie kurz die Konsequenzen, wenn der berechnete Einkaufspreis unterschritten wird.

3. Angenommen, die Spindler KG kann den berechneten Einkaufspreis für ein Produkt nicht einhalten. **Kann es trotzdem sinnvoll sein, dieses Produkt in das Sortiment aufzunehmen, wenn**

   a) der in der Kalkulation berücksichtigte Gewinn höher ist als das Überschreiten des Einkaufspreises?

   b) der in der Kalkulation berücksichtigte Gewinn niedriger ist als das Überschreiten des Einkaufspreises?

WIR KALKULIEREN VERKAUFSPREISE UND WENDEN UNTERSCHIEDLICHE PREISSTRATEGIEN AN II

4.

Herr Trumpf:		„Klasse, das hat sehr gut geklappt mit dem Nettolistenverkaufspreis. Ich hätte wieder mal eine kleine Aufgabe für Sie. Ich muss nämlich wieder los. Diesmal zu Frau Jonas."
Nina Kröger:		„Okay, ich versuche mein Bestes."
Herr Trumpf:		„Heute Morgen habe ich in der Zeitung gelesen, dass unser Konkurrent Grotex GmbH groß mit einem Luxus-Abendkleid der höchsten Preisklasse für 1.400,00 € wirbt. Wir haben ein solches bisher nicht im Sortiment, wollen es aber gern aufnehmen. Wir haben schon mehrere Angebote eingeholt. In allen Fällen könnten wir es innerhalb von zwei Tagen geliefert bekommen."
Nina Kröger:		„Aha."
Herr Trumpf:		„Auch hier benötigen wir wieder das Schema der Verkaufskalkulation. Vorhin hatten wir die Vorwärtskalkulation angewandt. Ausgehend vom Bezugspreis haben Sie dann den richtigen Nettolistenverkaufspreis ermittelt. Jetzt ist die Situation anders: Wir können nicht anders. Wir müssen die Ware zum Preis von der Grotex GmbH anbieten. Wir werden daher jetzt eine Rückwärtskalkulation vornehmen. Besser gesagt: Sie werden dies tun. Der Preis von Grotex wird auch für uns als gegeben angesehen. Es geht jetzt aber darum, den höchstmöglichen Einkaufspreis bei gegebenen Handlungskostenzuschlag und Gewinnzuschlag zu berechnen. Ehe ich es vergesse, auch hier gilt für den Handlungskostenzuschlag 50 % und für den Gewinnzuschlag 20 %. Berücksichtigt werden muss auch wieder die Möglichkeit eines 25-prozentigen Kundenrabatts und eines 2-prozentigen Kundenskontos. Bis gleich dann."
Nina Kröger:		„Ja, bis gleich …"

Berechnen Sie den Preis, bis zu dem die Ware höchstens eingekauft werden darf.

Begriff	Rechenrichtung	Berechnung in €
Bezugspreis (Einstandspreis)	↑	
+ Handlungskostenzuschlag		
Selbstkostenpreis		
+ Gewinnzuschlag		
Barverkaufspreis		
+ Kundenskonto		
Zielverkaufspreis		
+ Kundenrabatt		
Listenverkaufspreis, netto		

LERNFELD 8

PREISPOLITISCHE MASSNAHMEN ERFOLGSORIENTIERT VORBEREITEN UND STEUERN

5. 14:45 Uhr.

Herr Trumpf: „Wir wollen noch drei noble Bettwäschesets von Home & Bed Royal ins Sortiment aufnehmen. Die Grotex GmbH bewirbt die heute in der Tageszeitung:
- Lady Camilla für 112,00 €,
- Lady Hi für 153,00 € und
- Lady Kate für 187,00 €.

Dazu müssen wir noch die maximalen Bezugspreise berechnen, mit denen wir unsere Handlungskostenzuschläge von 35 % und 30 % Gewinnzuschläge in der Warengruppe realisieren können. Berücksichtigt werden muss auch wieder die Möglichkeit eines 25-prozentigen Kundenrabatts und eines 2-prozentigen Kundenskontos."

Nina Kröger: „Gibt es hier bei der Rückwärtskalkulation nicht so etwas Vereinfachendes und Zeitsparendes wie den Kalkulationszuschlag in der Vorwärtskalkulation?"

Herr Trumpf: „Ja, die Handelsspanne. Dies ist der Unterschied zwischen Bezugs- und Nettolistenpreis, ausgedrückt in Prozent vom Nettolistenpreis. Die Verwendung dieser Handelsspanne bei der Rückwärtskalkulation erspart eine Menge Arbeit.
Versuchen Sie es doch mal ..."

Nina Kröger: „Okay!"

a) Ermitteln Sie die Handelsspanne.

Der Listenverkaufspreis ist gleich 100,00 € zu setzen.

Begriff	Berechnung in €	
Bezugspreis (Einstandspreis)		
+ Handlungskostenzuschlag		Handelsspanne:
Selbstkostenpreis		
+ Gewinnzuschlag		
Barverkaufspreis		
Kundenskonto		
Zielverkaufspreis		
+ Kundenrabatt		
Listenverkaufspreis		

b) Berechnen Sie die maximal möglichen Bezugspreise.

Badeanzug	Lady Camilla	Lady Hi	Lady Kate
Ladenpreis (= 100 %)			
– Kalkulationsabschlag (58,13 %)			
maximal möglicher Bezugspreis (41,87 %)			

Zur weiteren Vertiefung der Lerninhalte und Sicherung der Lernergebnisse empfehlen wir die Bearbeitung der Aufgaben in Ihrem Schulbuch, z. B. im Lehrbuch „Groß im Handel, 2. Ausbildungsjahr" im Lernfeld 8.

4 Wir kalkulieren Verkaufspreise und wenden unterschiedliche Preisstrategien an III – Differenzkalkulation

HANDLUNGSSITUATION

Frau Matz hat die Verhandlungen mit SnowStyle zum Bezugspreis des „Snow Rider" beendet. Sie konnte die berechneten Zahlen nicht einhalten. Der Listeneinkaufspreis des „Snow Riders" wird von SnowStyle in Anbetracht der großen Abnahmemenge der Spindler KG mit 250,00 € angesetzt. Dies ist das letzte Angebot von SnowStyle. Zusätzlich gewähren sie aber einen Liefererrabatt von 9 %. Die restlichen Konditionen entsprechen denen, die bereits bekannt sind. Frau Matz ist von dem Angebot enttäuscht. Sie bittet Thomas Zimmermann, den Sachverhalt mit den endgültigen Zahlen durchzurechnen und ihr die Ergebnisse zusammen mit einer Erklärung seines Vorgehens und einer Handlungsempfehlung vorzustellen.

Informationen zum Lösen der folgenden Handlungsaufgaben finden Sie in Ihrem Schulbuch, z. B. im Lehrbuch „Groß im Handel, 2. Ausbildungsjahr" im Lernfeld 8.

LERNFELD 8

PREISPOLITISCHE MASSNAHMEN ERFOLGSORIENTIERT VORBEREITEN UND STEUERN

HANDLUNGSAUFGABEN

1. Ermitteln Sie, welche Aufgaben Thomas Zimmermann zu erledigen hat. Was könnte Frau Matz mit „durchrechnen" meinen?

2. Ermitteln Sie mithilfe der Differenzkalkulation den erzielbaren Gewinn für den Snow Rider. Verwenden Sie hierzu das beigefügte Rechenschema.

Hinweis: Nebenrechnungen können Sie bereits in das Lösungsfeld zu Handlungsaufgabe 3 eintragen.

		%		€
	Listeneinkaufspreis	100 %		
−	Liefererrabatt			
=	**Zieleinkaufspreis**			
−	Lieferskonto			
=	**Bareinkaufspreis**			
+	Bezugskosten			
=	**Einstandspreis/Bezugspreis**	100 %		
+	Handlungskosten			
=	**Selbstkosten**		100 %	
+	Gewinn			
=	**Barverkaufspreis**			
+	Kundenskonto			
+	Vertreterprovision			
=	**Zielverkaufspreis**	= 100 %		
+	Kundenrabatt			
=	**Listenverkaufspreis (netto)**		= 100 %	419,33

240

3. Machen Sie sich Notizen für die Vorstellung Ihrer Berechnungen bei Frau Matz. Insbesondere die Nebenrechnungen sollten Sie sich merken.

4. Sie haben nun den mit dem „Snow Rider" erzielbaren Gewinn kalkuliert. Frau Matz möchte von Ihnen eine Handlungsempfehlung. Überlegen Sie sich Argumente, die für oder gegen das Aufnehmen des Skianzugs „Snow Rider" in das Warensortiment der Spindler KG sprechen, und bereiten Sie sich darauf vor, Frau Matz Ihre Ergebnisse zu präsentieren und Ihre Berechnungen zu erläutern.

VERTIEFUNGS- UND ANWENDUNGSAUFGABEN

Zur weiteren Vertiefung der Lerninhalte und Sicherung der Lernergebnisse empfehlen wir die Bearbeitung der Aufgaben in Ihrem Schulbuch, z. B. im Lehrbuch „Groß im Handel, 2. Ausbildungsjahr" im Lernfeld 8.

LERNFELD 8

PREISPOLITISCHE MASSNAHMEN ERFOLGSORIENTIERT VORBEREITEN UND STEUERN

5 Wir grenzen neutrale Aufwendungen und Erträge von den Kosten und Leistungen ab

HANDLUNGSSITUATION

Die Gewinn- und Verlustrechnung (GuV) des Jahres 20.. der Spindler KG wurde gerade von Anja Kruse erstellt. Stolz präsentiert Anja Frau Staudt ihre Ergebnisse:

Soll	Gewinn- und Verlustkonto		Haben
2000 außerord. Aufwendungen	200.000,00 €	2510 Erträge aus Beteiligungen	340.000,00 €
2110 Zinsaufwendungen	29.380,00 €	2610 Zinserträge	8.400,00 €
3010 Wareneingang	16.000.000,00 €	8010 Warenverkauf	25.000.000,00 €
4020 Gehälter	2.800.000,00 €		
4110 Miete	900.000,00 €		
4210 Gewerbesteuer	180.000,00 €		
4320 Gas, Strom, Wasser	270.000,00 €		
4330 Treib-, Schmierstoffe	300.000,00 €		
4400 Werbung	665.000,00 €		
4710 Instandhaltung	939.600,00 €		
4800 Allg. Verwaltung	940.000,00 €		
4910 Abschreibungen	210.000,00 €		
Jahresüberschuss (EK)	1.914.420,00 €		
	25.348.400,00 €		25.348.400,00 €

Frau Staudt: „Sehr schön, Anja. Das sieht gut aus, damit können wir einen Jahresüberschuss ausweisen. Was wir aber noch ermitteln müssen, ist der Erfolg unserer **betrieblichen** Tätigkeit."

Anja Kruse: „Gehören die Positionen der GuV denn nicht alle zu den betrieblichen Tätigkeiten?"

Frau Staudt: „Nein. Mittels der **Kosten- und Leistungsrechnung** werden in einer rein betriebsbezogenen Sichtweise nur die betrieblichen Tätigkeiten genauer untersucht. Es gibt beispielsweise einen Unterschied zwischen Aufwendungen und Kosten sowie zwischen Erträgen und Leistungen. Diese müssen getrennt aufgestellt werden."

Anja Kruse: „Und wie funktioniert diese Aufstellung?"

Frau Staudt: „Es wird zwischen zwei Rechnungskreisen unterschieden. Mithilfe der Abgrenzungsrechnung werden dann die Kosten und Leistungen nach Kosten- und Leistungsarten gegliedert und das Betriebsergebnis sowie das betriebsneutrale Ergebnis ausgewiesen."

Anja Kruse: „Kosten, Leistungen, Kostenarten, Rechnungskreise. Das sind viele neue Begriffe."

Frau Staudt: „Das werden wir jetzt Schritt für Schritt erarbeiten. Erst einmal werden wir die allgemeinen Ziele der Kosten- und Leistungsrechnung herausarbeiten, dann die betrieblichen und betriebsneutralen Ergebnisse bestimmen und abschließend eine Übersicht zu den Bereichen der Kosten- und Leistungsrechnung erstellen."

Informationen zum Lösen der folgenden Handlungsaufgaben finden Sie in Ihrem Schulbuch, z. B. im Lehrbuch „Groß im Handel, 2. Ausbildungsjahr" im Lernfeld 8.

WIR GRENZEN NEUTRALE AUFWENDUNGEN UND ERTRÄGE VON DEN KOSTEN UND LEISTUNGEN AB

HANDLUNGSAUFGABEN

1. Welche Fragen muss Anja klären?

2. Anja soll sich zunächst einmal grundlegend mit der Kosten- und Leistungsrechnung (KLR) auseinandersetzen. Dabei soll sie auch zwischen den beiden Rechnungskreisen I und II unterscheiden.

a) Erklären Sie mit eigenen Worten, was unter der KLR zu verstehen ist und warum sie durchgeführt wird.

b) Setzen Sie in die Lücken der nachfolgende Tabelle die unten stehenden Begriffe zu Erläuterungen der Finanzbuchführung (Rechnungskreis I) und der Kosten- und Leistungsrechnung (Rechnungskreis II) ein.

FINANZBUCHFÜHRUNG Rechnungskreis I	KOSTEN- und LEISTUNGSRECHNUNG Rechnungskreis II
– ist eine _____ Rechnung, die überwiegend die finanzielle Beziehung zwischen dem Unternehmen und der Außenwelt erfasst; – ist eine _____ Rechnung – Gegenüberstellung aller Aufwendungen und Erträge unabhängig von ihrem Entstehungsgrund in der GuV;	– ist eine _____ Rechnung; – ist eine _____ Rechnung, die nur die Erträge (_____) und Aufwendungen (_____) erfasst, die mit dem eigentlichen Betriebszweck im Zusammenhang stehen; – Grundlage der Berechnung sind die Ergebnisse der GuV;

LERNFELD 8

PREISPOLITISCHE MASSNAHMEN ERFOLGSORIENTIERT VORBEREITEN UND STEUERN

FINANZBUCHFÜHRUNG Rechnungskreis I	KOSTEN- und LEISTUNGSRECHNUNG Rechnungskreis II
– unterliegt _____ Vorschriften wie dem HGB, EStG, UStG usw.	– unterliegen _____ gesetzlichen Vorschriften.
Ziel: Ermittlung des _____ der Unternehmung	Ziel: Ermittlung des _____
Erträge > Aufwendungen = Gesamtgewinn	Leistungen > Kosten = Betriebsgewinn
Begriffe: gesetzlichen, Kosten, externe, Betriebsergebnisses, keinen, betriebsbezogene, unternehmensbezogene, Gesamtergebnisses, Leistungen, interne	

3. Frau Staudt legt Anja nun noch einmal die erstellte GuV vor.

Frau Staudt: „Es ist wichtig, dass wir aus der Gewinn- und Verlustrechnung die Kosten und die Leistungen unseres Unternehmens erkennen."

a) Worin unterscheiden sich die Kosten von Aufwendungen und die Leistungen von Erträgen?

_____

_____

_____

_____

_____

b) Um die neutralen Aufwendungen und Erträge von den Kosten und Leistungen übersichtlich abgrenzen zu können, verwendet die Spindler KG eine Ergebnistabelle (vgl. nächste Seite). Hierbei werden links die Zahlen der Finanzbuchhaltung des Rechnungskreises I eingetragen. Diese Werte kommen aus der GuV. Rechts werden die Werte der Kosten- und Leistungsrechnung (Rechnungskreis II) eingetragen.

Bei der Erstellung dieser Ergebnistabelle soll Anja folgende Erläuterungen beachten:

Der Rechnungskreis II ist in drei Teile aufgeteilt:

– Unternehmensbezogene Abgrenzung
Darstellung der neutralen Aufwendungen und Erträge.

– Kostenrechnerische Abgrenzung
Darstellung von möglichen Abweichungen zwischen den Zahlen aus der Finanzbuchhaltung und den Zahlen aus der Kosten- und Leistungsrechnung (z. B. kalkulatorische Kosten).
Aus den beiden Teilergebnissen wird das neutrale Ergebnis berechnet.

– Zahlen der Kosten- und Leistungsrechnung
Darstellung des Betriebsergebnisses (mit Kosten und Leistungen).

Erstellen Sie eine Ergebnistabelle zu den Rechnungskreisen I und II für die Spindler KG unter Berücksichtigung der GuV und der unter der Ergebnistabelle stehenden Zusatzangaben.

WIR GRENZEN NEUTRALE AUFWENDUNGEN UND ERTRÄGE VON DEN KOSTEN UND LEISTUNGEN AB

	Rechnungskreis I		Rechnungskreis II					
	Erfolgsbereich		Abgrenzungsbereich				KLR-Bereich	
	Zahlen der Finanzbuchhaltung		Unternehmensbezogene Abgrenzung		Kostenrechnerische Abgrenzung		Zahlen der Kosten- und Leistungsrechnung	
Kto.-Nr.	Aufwendungen	Erträge	Neutrale Aufwendungen	Neutrale Erträge	Aufwendungen lt. FiBu	Verrechnete Kosten	Kosten	Leistungen
2510 Erträge aus Beteiligungen								
2610 Zinserträge								
8010 Warenverkauf								
2000 A.o. Aufwendungen								
2110 Zinsaufwendungen								
3010 Wareneingang								
4020 Gehälter								
4110 Miete								
4210 Gewerbesteuer								
4320 Gas, Strom, Wasser								
4330 Treib-, Schmierstoffe								
4400 Werbung								
4710 Instandhaltung								
4800 Allg. Verwaltung								
4910 Abschreibungen								
kalk. Unternehmerlohn								
Saldo								

Anmerkungen:
4910 Abschreibungen: Es wurden kalkulatorische Abschreibungen auf 210.000,00 € angesetzt; **4710:** (39.600,00 € für Reparaturen an den vermieteten Räumen.) Rest Zweckaufwand; **4800 Allg. Verwaltung** (36.000,00 € an Spenden) Rest: Zweckaufwand; **4920 Abschreib. auf Forderungen:** Kalkulatorisch wurden 250.000,00 € angesetzt; **4210 Steuern** (für vermietete Gebäude 12.000,00 €) Rest: Zweckaufwand; **2100 Zinsaufwand:** Es wurden kalkul. Zinsen in Höhe von 35.000,00 € angesetzt; **kalkulatorischer Unternehmerlohn** 180.000,00 €

c) Nachdem Anja nun die Ergebnistabelle erstellt hat, soll sie die Ergebnisse interpretieren.

Was bedeuten die verschiedenen errechneten Salden?

_____
_____
_____
_____
_____
_____
_____
_____
_____
_____
_____

4. Frau Staudt erklärt Anja, dass es in der Kostenrechnung drei Bereiche gibt. Dies sind die Kostenartenrechnung, die Kostenstellenrechnung und die Kostenträgerrechnung.

Erstellen Sie ein Übersichtsblatt (siehe d) unter Berücksichtigung folgender Aufgabenstellungen:

a) **Kostenartenrechnung**

Finden Sie Beispiele zu den Kostenarten, gegliedert nach Entstehungsursache, nach kalkulatorischer Verrechenbarkeit und nach ihrem Verhalten. Erläutern Sie des Weiteren kurz die Begriffe der Istkosten, Normalkosten und Plankosten.

b) **Kostenstellenrechnung**

Erläutern Sie kurz die Aufgaben der Kostenstellenrechnung. Finden Sie jeweils mehrere Beispiele für die Kostenstellen Einkaufsstellen, Lager, Vertriebsstellen und Verwaltungsstellen.

c) **Kostenträgerrechnung**

Erläutern Sie kurz, was Kostenträger allgemein sind, und finden Sie hier Beispiele. Erläutern Sie zudem kurz die Kostenträgerzeitrechnung und die Kostenträgerstückrechnung.

WIR GRENZEN NEUTRALE AUFWENDUNGEN UND ERTRÄGE VON DEN KOSTEN UND LEISTUNGEN AB

KOSTENRECHNUNG

Kostenartenrechnung – welche Kosten?

- nach Entstehungsursache
- nach kalk. Verrechenbarkeit
- nach ihrem Verhalten bei schwankendem Beschäftigungsgrad
- nach ihrer Ermittlung
  - Istkosten
  - Normalkosten
  - Plankosten

Kostenstellenrechnung – wo verursacht?

Aufgabe:

- Einkaufsstellen
- Lager
- Vertriebsstellen
- Verwaltungsstellen

Kostenträgerrechnung – für welche Leistungen?

- Bildung der Kostenträger
- Als Kostenträger können ... gebildet werden.
- Zuordnung der Kosten
- Kostenträger<u>zeit</u>rechnung
- Kostenträger<u>stück</u>rechnung

247

VERTIEFUNGS- UND ANWENDUNGSAUFGABEN

1. Warum ist eine Kostenrechnung, die auf Istkosten basiert, für zukünftige Kalkulationen wie z. B. eine Kalkulation von Angebotspreisen relativ ungeeignet?

2. Bei der Spindler KG soll in Bezug auf die kalkulatorische Berechenbarkeit zwischen Einzelkosten und Gemeinkosten unterschieden werden. Es sind folgende Angaben aus der Buchhaltung bekannt:

   – Warenbezugskosten 3.240,00 €
   – Miete für das Zentrallager 3.000,00 €
   – Ausbildungsvergütung für Auszubildende 4.500,00 €
   – Vorsteuer 1.890,00 €
   – Abschreibungen auf das betriebseigene Auslieferungslager 6.000,00 €

   a) Erläutern Sie den Unterschied zwischen Einzelkosten und Gemeinkosten.

   b) Wie hoch sind die Einzelkosten?

3. Die Kostenrechnung der Spindler KG ergibt für einen Auftrag über 1000 Stück folgende Zahlen:

   – Wareneinsatz für 1000 Stück: 12.000,00 €
   – Variable Handlungskosten je Stück: 2,00 €
   – Fixe Kosten für diesen Auftrag: 4.000,00 €

   Wie hoch sind die (Selbst-)Kosten je Stück?

WIR GRENZEN NEUTRALE AUFWENDUNGEN UND ERTRÄGE VON DEN KOSTEN UND LEISTUNGEN AB

4. Welcher betriebliche Aufwand gehört in der Kalkulation zu den direkt zurechenbaren Kosten?

	Die Renovierungskosten des Bürogebäudes
	Die auf der Ware lastende Umsatzsteuer
	Die Bezugskosten für die eingekauften Waren
	Die Miete für das Lager
	Die Löhne der Lagerarbeiter

5. Wie wirken sich fixe Gesamtkostenanteile der Spindler KG bei Änderung des Beschäftigungsgrades (Kapazitätsauslastung) auf die Stückkosten aus?

	Mit steigendem Beschäftigungsgrad bleibt der Fixkostenanteil, den der einzelne Artikel zu tragen hat, konstant.
	Mit steigendem Beschäftigungsgrad steigt der Fixkostenanteil, den der einzelne Artikel zu tragen hat.
	Mit fallendem Beschäftigungsgrad verringert sich der Fixkostenanteil, den der einzelne Artikel zu tragen hat.
	Mit fallendem Beschäftigungsgrad steigt der Fixkostenanteil, den der einzelne Artikel zu tragen hat.
	Der jeweilige Beschäftigungsgrad wirkt sich nicht auf den Fixkostenanteil aus, den der einzelne Artikel zu tragen hat.

6. Frau Staudt legt Anja Kruse mehrere Aussagen vor.

Welche dieser Aussagen beschreibt den Begriff der proportionalen Kosten richtig?

	Sie bleiben als Gesamt- und Stückkosten gleich.
	Sie bleiben als Gesamtkosten gleich, als Stückkosten sinken sie.
	Sie bleiben als Gesamtkosten gleich, als Stückkosten steigen sie.
	Sie verändern sich als Gesamtkosten gleichmäßig mit dem Beschäftigungsgrad, als Stückkosten fallen sie gleichmäßig.
	Sie verändern sich als Gesamtkosten gleichmäßig mit dem Beschäftigungsgrad, als Stückkosten bleiben sie gleich groß.
	Sie verändern sich als Gesamtkosten gleichmäßig mit dem Beschäftigungsgrad, als Stückkosten steigen sie ebenfalls gleichmäßig an.

LERNFELD 8 PREISPOLITISCHE MASSNAHMEN ERFOLGSORIENTIERT VORBEREITEN UND STEUERN

7. Die Spindler KG weist am Ende des Jahres in ihrer Filiale in Köln folgende Gewinn- und Verlustrechnung auf:

Soll		Gewinn- und Verlustkonto	Haben
3010 Wareneingang	5.705.000,00 €	8010 Warenverkauf	9.000.000,00 €
4710 Instandhaltung	206.000,00 €	8710 Eigenverbrauch v. Waren	20.000,00 €
4020 Gehälter	1.180.000,00 €	2421 Mieterträge	60.000,00 €
4040 Soz. Aufwendungen	235.000,00 €	2710 Erträge aus Abgang von AV	15.000,00 €
4910 Abschreibungen	192.000,00 €	2430 Periodenfremde Erträge	24.000,00 €
4800 allg. Verwaltung	325.000,00 €	2610 Zinserträge	120.000,00 €
4260 Versicherungen	85.000,00 €		
4920 Abschreib. auf Forderungen	34.000,00 €		
4210 Steuern	28.000,00 €		
2110 Zinsaufwendungen	72.000,00 €		
2000 Außerordentl. Aufwendungen	38.000,00 €		
Jahresüberschuss	1.139.000,00 €		
	9.239.000,00 €		9.239.000,00 €

Erstellen Sie eine Ergebnistabelle zu den Rechnungskreisen I und II für die Spindler KG, Filiale Köln, unter Berücksichtigung der GuV und der unter der Ergebnistabelle stehenden Zusatzangaben.

- 3010 Wareneingang: (Aufwendungen für Hilfsstoffe u. Ä.) erfolgte zu Verrechnungspreisen mit 5.740.000,00 €;
- 4910 Abschreibungen: Es wurden kalkulatorische Abschreibungen auf 210.000,00 € angesetzt;
- 4710 Installation: 26.000,00 € für Reparaturen an den vermieteten Räumen; Rest Zweckaufwand;
- 4800 Allg. Verwaltung: 15.000,00 € an Aidshilfe; Rest: Zweckaufwand;
- 4260 Versicherungen: 6.000,00 € für vermietete Gebäude; Rest: Zweckaufwand;
- 4920 Abschreibung auf Forderungen: kalkulatorisch wurden 25.000,00 € angesetzt;
- 4210 Steuern: für vermietete Gebäude 4.000,00 €; Rest: Zweckaufwand;
- 2100 Zinsaufwand: Es wurden kalkulatorische Zinsen in Höhe von 90.000,00 € angesetzt;
- kalkulatorischer Unternehmerlohn 150.000,00 €

WIR GRENZEN NEUTRALE AUFWENDUNGEN UND ERTRÄGE VON DEN KOSTEN UND LEISTUNGEN AB

	Rechnungskreis I		Rechnungskreis II					
	Erfolgsbereich		Abgrenzungsbereich				KLR-Bereich	
	Zahlen der Finanzbuchhaltung		Unternehmensbezogene Abgrenzung		Kostenrechnerische Abgrenzung		Zahlen der Kosten- und Leistungsrechnung	
Kto.-Nr.	Aufwendungen	Erträge	Neutrale Aufwendungen	Neutrale Erträge	Aufwendungen lt. FiBu	Verrechnete Kosten	Kosten	Leistungen
8010								
8710								
2421								
2710								
2430								
2610								
3010								
4710								
4020								
4040								
4910								
4800								
4260								
4920								
4210								
2100								
2000								
kalk U.								
Saldo								

Zur weiteren Vertiefung der Lerninhalte und Sicherung der Lernergebnisse empfehlen wir die Bearbeitung der Aufgaben in Ihrem Schulbuch, z. B. im Lehrbuch „Groß im Handel, 2. Ausbildungsjahr" im Lernfeld 8.

LERNFELD 8

PREISPOLITISCHE MASSNAHMEN ERFOLGSORIENTIERT VORBEREITEN UND STEUERN

6 Wir führen eine Kostenstellenrechnung mithilfe des Betriebsabrechnungsbogens und der Kostenträgerzeitrechnung durch

HANDLUNGSSITUATION

Anja Kruse, Auszubildende bei der Spindler KG, und Frau Staudt, Mitarbeiterin der Abteilung Rechnungswesen, haben auf Basis der Gewinn- und Verlustrechnung (GuV) des Jahres 20.. der Spindler KG eine Betriebsergebnisrechnung erstellt. Die zwei sollen aus dieser Aufstellung eine genauere Kostenanalyse vornehmen. Zunächst soll im Rahmen der Kostenstellenrechnung ein Betriebsabrechnungsbogen erstellt werden. Dort werden alle Gemeinkosten erfasst und den Kostenträgern zugeordnet. Anschließend sollen mithilfe der Kostenträgerzeitrechnung die angefallenen Kosten der Rechnungsperiode auf die Kostenträger verrechnet werden, um die Selbstkosten zu ermitteln. Bei den Kostenträgern handelt es sich um Damenmode (Kostenträger I) und Herrenmode (Kostenträger II).

			Einkauf		Lager		Vertrieb		Verwaltung
Gemeinkostenart (Kto.-Nr.)	Buchungs-betrag	Verteilungs-basis	Kosten-träger I	Kosten-träger II	Kosten-träger I	Kosten-träger II	Kosten-träger I	Kosten-träger II	
2110 Zinsaufwendungen	35.000,00 €	Werte	3.500,00 €	2.800,00 €	4.900,00 €	4.200,00 €	7.000,00 €	6.300,00 €	6.300,00 €
4020 Gehälter	2.800.000,00 €	Gehaltslisten	140.000,00 €	112.000,00 €	504.000,00 €	336.000,00 €	588.000,00 €	476.000,00 €	644.000,00 €
4110 Miete	900.000,00 €	Raumgröße	150 m²	100 m²	650 m²	450 m²	350 m²	250 m²	300 m²
4210 Gewerbesteuer	168.000,00 €	Schlüssel	4	3	6	5	3	2	1
4320 Gas, Strom, Wasser	270.000,00 €	Verbrauch	21.600,00 €	32.400,00 €	78.300,00 €	48.600,00 €	35.100,00 €	29.700,00 €	24.300,00 €
4330 Treib-, Schmierstoffe	300.000,00 €	Verbrauch	60.000,00 €	45.000,00 €	15.000,00 €	12.000,00 €	75.000,00 €	54.000,00 €	39.000,00 €
4400 Werbe- und Reisekosten	665.000,00 €	Belege	133.000,00 €	99.750,00 €	33.250,00 €	26.600,00 €	166.250,00 €	119.700,00 €	86.450,00 €
4710 Instandhaltung	900.000,00 €	Belege	72.000,00 €	108.000,00 €	261.000,00 €	162.000,00 €	117.000,00 €	99.000,00 €	81.000,00 €
4800 Allg. Verwaltung	904.000,00 €	Schlüssel	8	7	10	9	14	12	40
4910 Abschreibungen	250.000,00 €	Anlagenkartei	20.000,00 €	17.500,00 €	25.000,00 €	22.500,00 €	35.000,00 €	32.500,00 €	97.500,00 €
kalk. Unternehmerlohn	180.000,00 €	Schlüssel	3	2			5	4	10
Umlage der Vorkostenstelle Verwaltung			6	5	3	2	8	6	

Anja bekommt auf Basis der oben stehenden Liste den Auftrag, einen Betriebsabrechnungsbogen zu erstellen und die Kostenträgerzeitrechnung durchzuführen. Abschließend soll sie den Erfolg der beiden Kostenträger ermitteln.

Informationen zum Lösen der folgenden Handlungsaufgaben finden Sie in Ihrem Schulbuch, z. B. im Lehrbuch „Groß im Handel, 2. Ausbildungsjahr" im Lernfeld 8.

WIR FÜHREN EINE KOSTENSTELLENRECHNUNG MITHILFE DES BETRIEBSABRECHNUNGSBOGENS DURCH

HANDLUNGSAUFGABEN

1. Welche Fragen muss Anja klären?

2. Frau Staudt, Mitarbeiterin der Abteilung Rechnungswesen bei der Spindler KG, erklärt Anja, dass diese sich zunächst darüber im Klaren sein soll, was die Kostenstellenrechnung umfasst.

    a) Erklären Sie mit eigenen Worten, was unter der Kostenstellenrechnung zu verstehen ist.

    b) Worin unterscheiden sich Kostenstelleneinzelkosten von Kostenstellengemeinkosten?

3. Anja soll nun die Gemeinkosten der Spindler KG auf die entsprechenden Kostenstellen und Kostenträger verteilen. Dazu hat sie von Frau Staudt einen Betriebsabrechnungsbogen bekommen.

    Erstellen Sie einen Betriebsabrechnungsbogen unter Berücksichtigung der angegebenen Betriebsergebnisrechnung (vgl. Handlungssituation).

LERNFELD 8

PREISPOLITISCHE MASSNAHMEN ERFOLGSORIENTIERT VORBEREITEN UND STEUERN

Betriebsabrechnungsbogen der Spindler KG, Hannover

Gemeinkostenart (Kto.-Nr.)	Buchungs-betrag	Verteilungs-basis	Einkauf Kosten-träger I	Einkauf Kosten-träger II	Lager Kosten-träger I	Lager Kosten-träger II	Vertrieb Kosten-träger I	Vertrieb Kosten-träger II	Verwaltung
2110 Zinsaufw.	35.000,00	Werte							
4020 Gehälter	2.800.000,00	Gehaltslisten							
4110 Miete	900.000,00	Raumgröße							
4210 Gew.-Steuer	168.000,00	Schlüssel							
4320 Gas, Strom, Wasser	270.000,00	Verbrauch							
4330 Treib-, Schmierstoffe	300.000,00	Verbrauch							
4400 Werbe- und Reisekosten	665.000,00	Belege							
4710 Instandhaltung	900.000,00	Belege							
4800 Allg. Verwaltung	904.000,00	Schlüssel							
4910 Abschreibungen	250.000,00	Anlagenkartei							
kalk. U.-Lohn	180.000,00	Schlüssel							
Summe Handlungskosten									
Umlage der Vorkostenstelle Verwaltung									
Summe der Handlungskosten der Endkostenstelle									

WIR FÜHREN EINE KOSTENSTELLENRECHNUNG MITHILFE DES BETRIEBSABRECHNUNGSBOGENS DURCH

4. Frau Staudt erklärt Anja, dass diese sich außerdem darüber im Klaren sein soll, was die Kostenträgerzeitrechnung bedeutet.
Erklären Sie mit eigenen Worten, was unter der Kostenträgerzeitrechnung zu verstehen ist.

_____
_____
_____
_____
_____
_____
_____

5. Frau Staudt hat bereits weitere Zahlen zu den Kostenträgern Damenmode (Kostenträger I) und Herrenmode (Kostenträger II) aus der Abrechnungsperiode ermittelt. Diese Werte (Wareneinsatz, Verkaufserlöse und Vertreterprovisionen) sind in den beiden unten stehenden Tabellen bereits eingetragen. Anja Kruse soll nun die Selbstkosten sowie den Warenreingewinn für die beiden Kostenträger feststellen.

a) Ermitteln Sie die Selbstkosten für die beiden Kostenträger.

	Kostenträger I		Kostenträger II	
Wareneinsatz		3.954.056,00		3.367.976,00
+ Handlungskosten gem. Kostenstellenrechnung				
Einkauf				
Lager				
Vertrieb				
Summe Handlungskosten				
Selbstkosten				

b) Ermitteln Sie den Warenreingewinn für die beiden Kostenträger.

	Kostenträger I	Kostenträger II
Verkaufserlöse	8.745.413,00	7.159.874,00
– Wareneinsatz		
Warenrohgewinn		
– Handlungskosten		
– Vertreterprovision	397.916,00	352.270,00
= Warenreingewinn		

LERNFELD 8
PREISPOLITISCHE MASSNAHMEN ERFOLGSORIENTIERT VORBEREITEN UND STEUERN

VERTIEFUNGS- UND ANWENDUNGSAUFGABEN

1. Anja Kruse hat eine Liste mit verschiedenen Kostenarten vor sich liegen. Sie soll einige davon zuordnen, indem sie die vor den Kostenarten stehende entsprechende Kennziffer bei den vorgegebenen Erklärungen einträgt. **Helfen Sie ihr dabei.**

1 Einzelkosten, 2 Gemeinkosten, 3 Fixe Kosten, 4 Proportionale Kosten, 5 Progressive Kosten, 6 Degressive Kosten, 7 Kalkulatorische Zusatzkosten

Kennziffer	Erklärung
	Kosten, die auch entstehen, wenn nicht produziert wird
	Kosten, denen kein Aufwand gegenübersteht
	Kosten, die einem Kostenträger direkt zurechenbar sind
	Kosten, die stärker steigen als der Beschäftigungsgrad

2. Wie sind die monatlichen Fahrtkostenzuschüsse an die Mitarbeiter der Einkaufsabteilung in der Kostenrechnung von der Spindler KG zu behandeln?

	Als Sondereinzelkosten des Einkaufs, die direkt auf die Kostenträger verteilt werden
	Als Einzelkosten, die direkt auf die Kostenträger verteilt werden
	Als Einzelkosten, die über die Kostenstellenrechnung auf die Kostenträger verteilt werden
	Als Gemeinkosten, die direkt auf die Kostenträger verteilt werden
	Als Gemeinkosten, die über die Kostenstellenrechnung auf die Kostenträger verteilt werden

3. Anja Kruse ist in der Kostenrechnung der Spindler KG eingesetzt. Sie wird damit beauftragt, Lieferrechnungen auf darin enthaltene Frachtkosten zu prüfen und zu erfassen, damit sie den Kostenträgern zugeordnet werden können.

Zu welcher Art von Kosten gehören die Frachtkosten?

	Zu den kalkulatorischen Kosten
	Zu den Einzelkosten
	Zu den Zusatzkosten
	Zu den Gemeinkosten
	Zu den fixen Kosten

Zur weiteren Vertiefung der Lerninhalte und Sicherung der Lernergebnisse empfehlen wir die Bearbeitung der Aufgaben in Ihrem Schulbuch, z. B. im Lehrbuch „Groß im Handel, 2. Ausbildungsjahr" im Lernfeld 8.

7 Wir führen eine Prozesskostenrechnung durch

HANDLUNGSSITUATION

Frau Jonas, Abteilungsleiterin der Abteilung Rechnungswesen bei der Spindler KG, hat in letzter Zeit mehr und mehr das Gefühl, dass die Preise nicht richtig kalkuliert sind. Vor allem die in den letzten Jahren gestiegenen Gemeinkosten im Vergleich zu den Einzelkosten haben dazu geführt, dass die proportional auf den Bezugspreis berechneten Handlungskostenzuschlagssätze zunehmend ungenau geworden sind. Frau Jonas nimmt an, dass die Unterstellung, die Gemeinkosten stiegen prozentual genauso an wie die entsprechende Zuschlagsbasis, nicht immer gegeben ist. Daher möchte sie eine Berechnung nach dem Kostenverursachungsprinzip durchführen. Sie fordert deshalb, mittels Prozesskostenrechnung die Prozesse (Kostentreiber) zu definieren und die Kosten pro Prozess (Prozesskosten) festzustellen.

Ein Schwerpunkt soll die Prozesskostenrechnung der Abteilung Logistik/Lager werden. Frau Jonas hat hier bereits die Gemeinkosten des Lagers zusammengestellt:

Gemeinkostenart (Kto.-Nr.)	Lager
2110 Zinsaufw.	4.900,00 €
4020 Gehälter	504.000,00 €
4110 Miete	260.000,00 €
4210 Gew.-Steuer	42.000,00 €
4320 Gas, Strom, Wasser	78.300,00 €
4330 Treib-, Schmierstoffe	15.000,00 €
4400 Werbe- und Reisekosten	33.250,00 €
4710 Instandhaltung	261.000,00 €
4800 Allg. Verwaltung	90.400,00 €
4910 Abschreibungen	25.000,00 €
Gesamt	1.313.850,00 €

Thomas Zimmermann bekommt unter anderem den Auftrag, sich Gedanken über verschiedene (Teil-)Prozesse im Lager zu machen und eine Prozesskostenrechnung für die oben angegebenen Daten durchzuführen.

Informationen zum Lösen der folgenden Handlungsaufgaben finden Sie in Ihrem Schulbuch, z. B. im Lehrbuch „Groß im Handel, 2. Ausbildungsjahr" im Lernfeld 8.

LERNFELD 8 — PREISPOLITISCHE MASSNAHMEN ERFOLGSORIENTIERT VORBEREITEN UND STEUERN

HANDLUNGSAUFGABEN

1. Welche Fragen muss Thomas klären?

2. Frau Jonas möchte, dass sich Thomas zunächst mit ein paar Grundlagen der Prozesskostenrechnung (PKR) auseinandersetzt.

   a) Beschreiben Sie mit eigenen Worten, was Sie unter der Prozesskostenrechnung verstehen.

   b) Warum können proportional auf den Bezugspreis berechnete Handlungskosten zu Ungenauigkeiten bei der Kalkulation führen? Erläutern Sie dies anhand eines Beispiels.

3. In Absprache mit Herrn Werner, dem Abteilungsleiter Logistik/Lager, hat Frau Jonas bereits mehrere Teilprozesse definiert bzw. festgelegt. Diese sind in der unten stehenden Tabelle aufgeführt und werden auch als Kostentreiber bezeichnet. **Thomas soll hier Tätigkeiten nennen, die innerhalb des Teilprozesses im Lager/in der Logistik durchzuführen sind.**

Kostenstelle Lager/Logistik	
Teilprozess	**Mögliche Tätigkeiten**
Warenannahme	
Wareneinlagerung	
Warenausgabe	
Leitung Logistik/Lager	

4. Frau Jonas hat alle (in der Ausgangssituation) vorliegenden Gemeinkosten der Kostenstelle Logistik/Lager analysiert und den vier definierten Teilprozessen zugeordnet. Bevor Thomas aber nun die Prozesskostenrechnung für die Kostenstelle Logistik/Lager durchführt, soll er noch ein paar Grundfragen klären.

a) Was sind leistungsmengeninduzierte (lmi) Teilprozesskosten und was leistungsmengenneutrale Teilprozesskosten (lmn)? Stellen Sie dazu auch die Berechnungsformel auf.

	Erläuterung	Formel
leistungsmengeninduzierte (lmi) Prozesskosten		Prozesskostensatz
leistungsmengenneutrale (lmn) Prozesskosten		Umlagesatz

b) Thomas bekommt nun die unten stehende Tabelle mit den von Frau Jonas berechneten Teilprozesskosten.

Berechnen Sie die einzelnen Prozesskostensätze (lmi), die Umlagesätze (lmn) sowie die gesamten Prozesskostensätze.

Kostenstelle Lager/Logistik					
Teilprozess	**Prozesskosten pro Jahr**	**Prozessmenge pro Jahr**	**Prozesskostensatz (lmi)**	**Umlagesatz (lmn)**	**Prozesskostensatz gesamt**
Warenannahme	236.493,00 €	1400 Warenannahmen			
Wareneinlagerung	183.939,00 €	1200 Wareneinlagerungen			
Warenausgabe	683.202,00 €	5400 Warenausgaben			
Leitung Logistik/Lager	210.216,00 €				
Summe					

c) Was bedeuten die von Ihnen berechneten gesamten Prozesskostensätze?

VERTIEFUNGS- UND ANWENDUNGSAUFGABEN

1. Welche Aussage über leistungsmengeninduzierte Prozesskosten ist richtig?

	Leistungsmengeninduzierte Prozesskosten steigern den Gewinn.
	Leistungsmengeninduzierte Prozesskosten steigen proportional zu den Mengen der Teilprozesse.
	Leistungsmengeninduzierte Prozesskosten berechnen sich aus den Einzelkosten der Fertigung
	Leistungsmengeninduzierte Prozesskosten beeinflussen die Höhe der gesamten Prozesskosten nicht.
	Leistungsmengeninduzierte Prozesskosten beziehen sich auf fixe Kosten.

2. Welche Aussage zur Prozesskostenrechnung ist richtig?

	Durch die Prozesskostenrechnung wird der Gewinn gesteigert.
	Die Prozesskostenrechnung ist eine Absatzrechnung.
	Bei der Prozesskostenrechnung werden die Gemeinkosten definierten Prozessen zugeordnet.
	Die Prozesskostenrechnung ermittelt die niedrigsten Kosten im Produktionsprozess.
	Mithilfe der Prozesskostenrechnung werden die gesamten Handlungskosten reduziert.

Zur weiteren Vertiefung der Lerninhalte und Sicherung der Lernergebnisse empfehlen wir die Bearbeitung der Aufgaben in Ihrem Schulbuch, z. B. im Lehrbuch „Groß im Handel, 2. Ausbildungsjahr" im Lernfeld 8.

8 Wir treffen absatzpolitische Entscheidungen auf der Grundlage der Deckungsbeitragsrechnung

HANDLUNGSSITUATION

Herr Trumpf, Leiter des Funktionsbereichs Verkauf/Absatz, kommt in die Abteilung Rechnungswesen. Er möchte gern eine genauere Aufstellung der Deckungsbeiträge über die vier verschiedenen Herrenanzüge, die in der Warengruppe „Herrenbekleidung" im abgelaufenen Geschäftsjahr verkauft wurden (Herrenanzüge „Elegance", „David Mac Ham", „Happy Size" und „Basic two").

Die Abteilung weist bei den Herrenanzügen zwar einen Gesamtgewinn in Höhe von 4.610,00 € aus, Herr Trumpf möchte aber wissen, wie hoch die Deckungsbeiträge der einzelnen Artikel sind und ob eventuell absatzpolitische Entscheidungen getroffen werden müssen, um diesen Deckungsbeitrag zu erhöhen.

Frau Staudt aus der Abteilung Rechnungswesen hat folgende Informationen bereitgestellt:

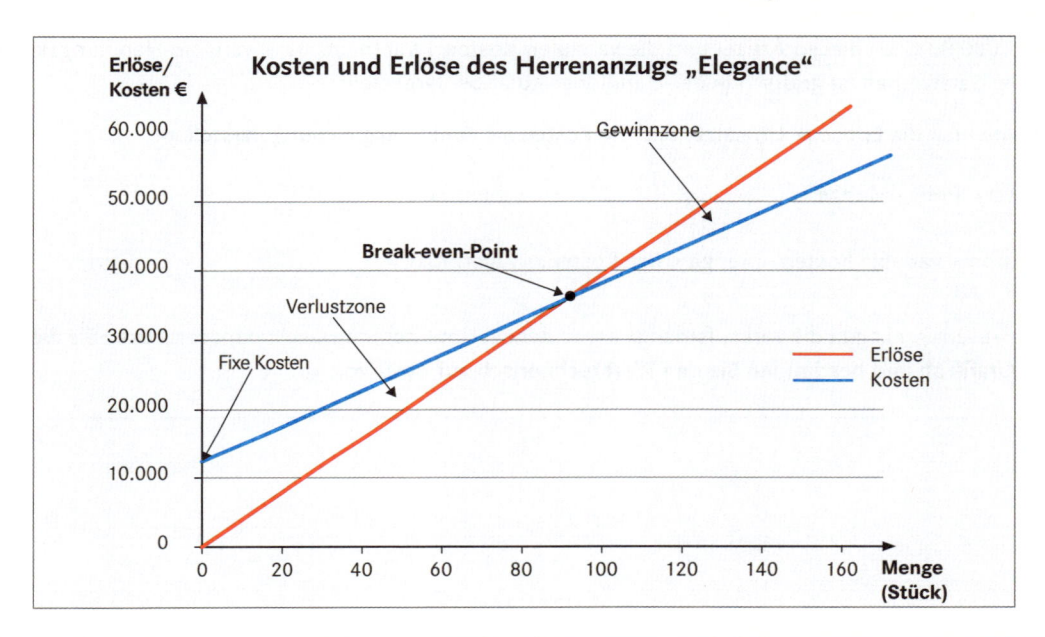

Kosten und Erlöse des Herrenanzugs „Elegance"

(Diagramm: Erlöse/Kosten € über Menge (Stück); Fixe Kosten, Verlustzone, Break-even-Point, Gewinnzone; Linien für Erlöse und Kosten)

Verkaufs-menge	Artikel	Verkaufspreis	Wareneinsatz	variable Stückkosten	fixe Kosten
140	Herrenanzug „Elegance"	395,00 €/St.	210,00 €/St.	55,00 €	12.000,00 €
540	Herrenanzug „David Mac Ham"	175,00 €/St.	74,50 €/St.	56,50 €	19.500,00 €
650	Herrenanzug „Happy Size"	80,00 €/St.	40,00 €/St.	24,00 €	11.500,00 €
250	Herrenanzug „Basic two"	50,00 €/St.	45,00 €/St.	10,00 €	3.500,00 €

Frau Staudt und Martin Solms, Auszubildender bei der Spindler KG, bekommen nun den Auftrag, für Herrn Trumpf die oben stehende Grafik näher zu erläutern und die Deckungsbeiträge für diese vier Artikel für das vergangene Jahr aufzustellen.

Informationen zum Lösen der folgenden Handlungsaufgaben finden Sie in Ihrem Schulbuch, z. B. im Lehrbuch „Groß im Handel, 2. Ausbildungsjahr" im Lernfeld 8.

LERNFELD 8

PREISPOLITISCHE MASSNAHMEN ERFOLGSORIENTIERT VORBEREITEN UND STEUERN

HANDLUNGSAUFGABEN

1. Welche Fragen muss Martin klären?

_____
_____
_____
_____
_____

2. Der Herrenanzug „Elegance" ist im vergangenen Jahr zu einem Verkaufspreis von 395,00 € verkauft worden. Die fixen Kosten betrugen 12.000,00 € für diesen Artikel und die variablen Kosten (Wareneinsatz + variable Handlungskosten) insgesamt 265,00 €. Der Sachverhalt ist grafisch in der Handlungssituation dargestellt.

  a) Wie könnte man die Erlöse (= Umsätze) und die Kosten als Funktionsgleichung darstellen?

  Erlösfunktion = Preis · Menge, hier: E(x) = _____

  Kostenfunktion = variable Kosten · Menge + fixe Kosten, hier: K(x) = _____

  b) Der Break-even-Punkt gibt die Verkaufsmenge an, ab der ein Unternehmen Gewinn macht. **Lesen Sie die verkaufte Menge aus der Grafik ab und bestimmen Sie den Wert rechnerisch auf Basis von a).**

  c) Wie hoch wäre der Verlust für den Herrenanzug „Elegance", wenn die Spindler KG diesen Artikel gar nicht verkaufen würde?

  _____

  d) Worin unterscheiden sich grundsätzlich variable von fixen Kosten? Nennen Sie dabei auch je drei mögliche Beispiele für den Herrenanzug „Elegance".

  Variable Kosten _____
  _____

  Fixe Kosten _____
  _____

WIR TREFFEN ABSATZPOLITISCHE ENTSCHEIDUNGEN AUF DER GRUNDLAGE DER DECKUNGSBEITRAGSRECHNUNG

3. Herr Trumpf und Frau Staudt wollen nun die Deckungsbeiträge für die verschiedenen Artikel berechnen.

   a) Wie würden Sie den Begriff „Deckungsbeitrag" mit eigenen Worten beschreiben?

   b) Mit einer buchtechnischen Kostenspaltung sind Fixkosten für die vier verschiedenen Herrenanzüge in Höhe von 46.500,00 € ermittelt worden.
   Wie hoch sind die Deckungsbeiträge pro Stück, pro Artikel und insgesamt für das vergangene Jahr? Ermitteln Sie auch den Gewinn, indem Sie die nachfolgende Tabelle verwenden.

	Elegance		David Mac Ham		Happy Size		Basic two		Gesamt
	Gesamt-rechnung	Stück-rechnung	Gesamt-rechnung	Stück-rechnung	Gesamt-rechnung	Stück-rechnung	Gesamt-rechnung	Stück-rechnung	
Umsatzerlöse									
− Wareneinsatz									
= Rohgewinn									
− variable Handlungskosten									
= Deckungsbeitrag									
− fixe Kosten									
= Gewinn									

4. Herr Trumpf bekommt nun die Berechnung der Deckungsbeiträge auf den Tisch.

   a) Welche Beurteilungen und Empfehlungen geben Sie Herrn Trumpf bei den einzelnen Herrenanzügen?

Modell	Empfehlung
Herrenanzug „Elegance"	
Herrenanzug „David Mac Ham"	
Herrenanzug „Happy Size"	
Herrenanzug „Basic two"	

b) Frau Staudt erklärt Martin, dass die Deckungsbeitragsrechnung auch Probleme mit sich bringt. Sie sagt, dass kurzfristige Entscheidungen aufgrund der Deckungsbeitragsrechnung langfristig falsch sein können.

Nehmen Sie am Beispiel des Herrenanzugs „Happy Size" Stellung zu dieser Aussage.

VERTIEFUNGS- UND ANWENDUNGSAUFGABEN

1. Erläutern Sie zwei Probleme, die bei der Deckungsbeitragsrechnung (Teilkostenrechnung) entstehen können.

2. Anja Kruse möchte für die Spindler KG mithilfe der Deckungsbeitragsrechnung die kurzfristige Verkaufspreis-Untergrenze bestimmen. **Wie geht sie dabei vor?**

	Es werden alle variablen Kosten eines Artikels ermittelt.
	Es werden alle Kosten pro Stück eines Artikels ermittelt.
	Es werden alle Gemeinkosten eines Artikels ermittelt.
	Es werden alle fixen Kosten eines Artikels ermittelt.
	Es werden alle Einzelkosten eines Artikels ermittelt.

3. Ordnen Sie den folgenden Begriffen eine Ziffer aus der Grafik zu.

Begriff	Ziffer
Kostenfunktion	
Verlustzone	
Break-even-Point	
Gewinnzone	
Fixe Kosten	
Erlösfunktion	

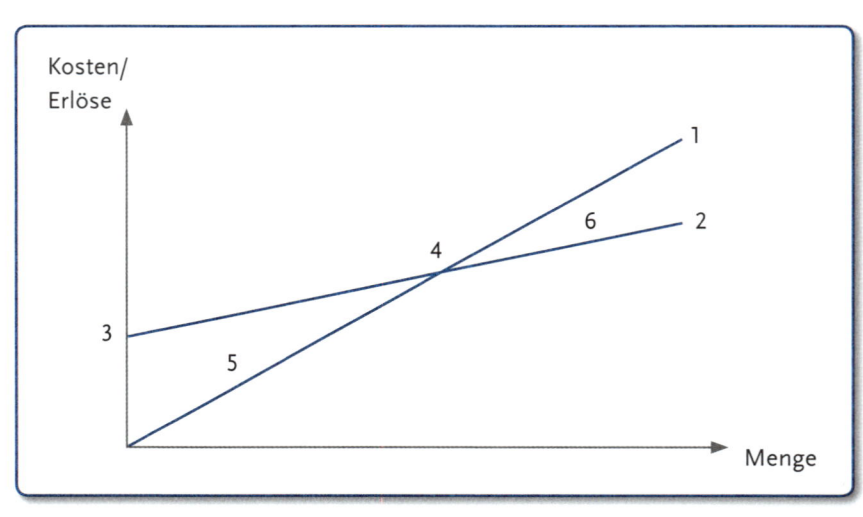

4. Welche Kosten sind für die Spindler KG fixe Kosten?

	Frachtkosten
	Telefonkosten
	Geschäftsraummiete
	Gewerbesteuer
	Einkommensteuer

5. Bei der Spindler KG ist ein bestimmter Prozentsatz der Geschäftskosten unabhängig von getätigten Umsätzen und lässt sich kurz- und mittelfristig nicht vermindern. **Wie heißen diese Kosten?**

	Handlungskosten
	Bezugskosten
	Variable Kosten
	Grenzkosten
	Fixe Kosten

6. Im letzten Quartal hat sich Herr Spindler von der Spindler KG über die hohen Handlungskosten geärgert.

Wie können diese reduziert werden?

	Im Einkauf werden Boni und Skonti ausgenutzt.
	Der Stromverbrauch wird reduziert.
	Im Jahresgespräch mit Lieferern werden höhere Rabatte ausgehandelt.
	Die Erlöse werden reduziert.
	Es werden fällige Zahlungstermine nach hinten geschoben.

Zur weiteren Vertiefung der Lerninhalte und Sicherung der Lernergebnisse empfehlen wir die Bearbeitung der Aufgaben in Ihrem Schulbuch, z. B. im Lehrbuch „Groß im Handel, 2. Ausbildungsjahr" im Lernfeld 8.

LERNFELD 8
PREISPOLITISCHE MASSNAHMEN ERFOLGSORIENTIERT VORBEREITEN UND STEUERN

9 Wir informieren uns über das Controlling und ermitteln Kennzahlen

HANDLUNGSSITUATION

Anja Kruse ist im Rechnungswesen bei Herrn Schwarz eingesetzt. Herr Schwarz übernimmt viele Aufgaben im Bereich des Controllings bei der Spindler KG.

Herr Schwarz: „Guten Tag, Frau Kruse, schön, dass Sie in Ihrer Ausbildung auch mal bei mir in das Controlling ‚reinschnuppern'. Haben Sie denn schon eine Vorstellung, was ich hier so mache?"

Anja: „Guten Tag, Herr Schwarz, na ja, ehrlich gesagt, kann ich mir noch nicht so richtig etwas unter Controlling vorstellen."

Herr Schwarz: „Ach, das ist kein Problem. Das geht den meisten so, wenn sie hier ankommen, am Ende finden sie es aber sehr spannend. Da man als Controller auch so etwas wie die unternehmensinterne Überwachung darstellt, arbeite ich meistens alleine, obwohl ich eigentlich dem Rechnungswesen zugeordnet bin."

Anja: „‚Unternehmensinterne Überwachung'. Das klingt aber wirklich spannend."

Herr Schwarz: „Ja, das ist es auch. Ich schlage vor, dass Sie sich zunächst einmal darüber informieren, was Controlling überhaupt ist und was wir hier so tun. Was meinen Sie?"

Anja: „Ja, das kann ich machen."

Herr Schwarz: „Na, keine Angst, das war es aber noch nicht. Natürlich sollen Sie auch einen Einblick in die Arbeit hier bekommen. Ich habe gerade heute die Auswertungen einer unserer Filialen übermittelt bekommen. Diese Auswertung besteht aus der Bilanz und dem GuV-Konto. Die sind Ihnen ja bekannt, oder?"

Anja: „Ja, klar."

Herr Schwarz: „Gut! Nachdem Sie sich dann informiert haben, was wir hier tun, bereiten Sie mir die Daten bitte auf. Ich möchte, dass Sie mir die Kennzahlen für diese Filiale, soweit mit den vorhandenen Daten möglich, aufbereiten. Außerdem möchte ich, dass Sie sich auch darüber informieren, wie es dann mit den von Ihnen ermittelten Kennzahlen weitergeht."

Anja: „Ähm, ja … Kennzahlen?"

Herr Schwarz: „Darüber werden Sie im Rahmen Ihrer Informationen über das Controlling schon etwas erfahren. Kommen Sie bitte zu mir, sobald Sie die Daten aufbereitet haben. Hier sind die Unterlagen."

Aktiva		Bilanz 31.12.20..		Passiva
0230	Gebäude	980.000,00	0610 EK	544.338,00
0340	Fuhrpark	76.817,00	0820 Darlehen	1.616.184,00
0330	BGA	353.633,00	1710 Verb a LL	216.830,00
3910	Waren	542.000,00		
1010	Forderungen a LL	1.894,00		
1310	Fordg. Kreditinstitute	312.800,00		
1320	PoBa	100.000,00		
1510	Kasse	10.208,00		
		2.377.352,00		2.377.352,00

Soll		Gewinn- und Verlustkonto 31.12.20..		Haben
3010	Wareneingang	1.450.000,00	8010 Warenverkauf	2.745.000,00
4400	Werbe- und Reisekosten	24.500,00		
4200	Steuern, Beiträge, Vers.	37.000,00		
2120	Zinsaufwendungen	72.700,00		
4010	Löhne	940.000,00		
4910	Abschreibungen	55.900,00		
0610	EK	164.900,00		
		2.745.000,00		2.745.000,00

WIR INFORMIEREN UNS ÜBER DAS CONTROLLING UND ERMITTELN KENNZAHLEN

Sonstige Angaben zu der Filiale	
Mitarbeiter	30
Verkaufsfläche in m²	223
Lagerfläche in m²	1.400
Unternehmerlohn für die Filiale	15.000 €

Informationen zum Lösen der folgenden Handlungsaufgaben finden Sie in Ihrem Schulbuch, z. B. im Lehrbuch „Groß im Handel, 2. Ausbildungsjahr" im Lernfeld 8.

HANDLUNGSAUFGABEN

1. Geben Sie die Aufgaben wieder, die Anja nun bevorstehen.

2. Geben Sie mit eigenen Worten kurz wieder, was man unter Controlling versteht.

3. Charakterisieren Sie den Unterschied zwischen operativem und strategischem Controlling mit eigenen Worten und geben Sie jeweils die Ziele an.

LERNFELD 8

PREISPOLITISCHE MASSNAHMEN ERFOLGSORIENTIERT VORBEREITEN UND STEUERN

4. Geben Sie an, welche Art von Controlling Anja für Herrn Schwarz erledigen soll.

5. Herr Schwarz sagte in der Handlungssituation: „Da man als Controller auch so etwas wie die unternehmensinterne Überwachung darstellt, arbeite ich meistens alleine, obwohl ich eigentlich dem Rechnungswesen zugeordnet bin."

a) Geben Sie mögliche Gründe dafür an, dass Herr Schwarz häufig alleine arbeitet.

b) Erläutern Sie, was Herr Schwarz damit meint, dass Controller die unternehmensinterne Überwachung sind.

6. Nennen Sie die drei Funktionen des Controllings.

Informationsfunktion

7. Geben Sie die Anforderungen an das Informationssystem an.

Planungsfunktion

8. Das operative Controlling ist Bestandteil des Planungssystems des Controllings.

Erläutern Sie, wie Zielvorgaben im operativen Controlling zu formulieren sind.

LERNFELD 8

PREISPOLITISCHE MASSNAHMEN ERFOLGSORIENTIERT VORBEREITEN UND STEUERN

9. Begründen Sie kurz, warum die Ziele im Rahmen des operativen Controllings häufig als Kennzahlen definiert werden.

10. Geben Sie mit eigenen Worten an, was unter der Planungsfunktion (dem Planungssystem) des Controllings zu verstehen ist.

Kontrollfunktion

11. Ermitteln Sie die Kennzahlen für die Filiale der Spindler KG.

12. Überlegen Sie sich, welche zusätzlichen Informationen Herr Schwarz noch benötigt, um aus den Kennzahlen Schlüsse zu ziehen.

13. Geben Sie an, woher die Soll-Werte im Controlling stammen.

14. Geben Sie mit eigenen Worten an,

a) was man unter einem Soll-Ist-Vergleich versteht,

b) welche Konsequenzen aus dem Ergebnis des Soll-Ist-Vergleichs gezogen werden können.

15. Geben Sie an, was nach einer durchgeführten Soll-Ist-Analyse hinsichtlich der Zielwerte erfolgen sollte.

VERTIEFUNGS- UND ANWENDUNGSAUFGABEN

1. Geben Sie mit eigenen Worten an,

1) was die folgenden Kennzahlen aussagen.

2) ob die Kennzahl möglichst hoch oder möglichst niedrig sein sollte.

a) Break-even-Point

1)

2)

b) Intensität der Personalkosten

1)

2)

c) Eigenkapitalrentabilität

1)

2)

d) Umsatzrentabilität

1) _____

2) _____

e) durchschnittliche Lagerdauer

1) _____

2) _____

f) Verschuldungskoeffizient

1) _____

2) _____

g) Liquidität 1. Grades

1) _____

2) _____

Zur weiteren Vertiefung der Lerninhalte und Sicherung der Lernergebnisse empfehlen wir das Bearbeiten der Aufgaben in Ihrem Schulbuch, z. B. im Lehrbuch „Groß im Handel, 2. Ausbildungsjahr" im Lernfeld 8.

BILDQUELLENVERZEICHNIS

Bergmoser + Höller Verlag AG, Aachen: 150.1, 170.1
Deutsche Post AG, DHL, Bonn: 141.1
FOTODESIGN - HEINZ HEFELE , Darmstadt: 100.1
fotolia.com, New York: 7.1 (contrastwerkstatt), 37.1 (Aleksej Kostin), 46.1 (M. Schuppich), 57.1 (fovito), 116.1 (kite_rin), 128.1 (anekoho), 232.1 (victoria p.)
Hild, Claudia, Angelburg: 90.1, 133.1
hoffstadt, marcus/korrekt medien, Koblenz: 155.1, 159.1, 160 (beide), 161 (alle), 261.1
IFH Institut für Handelsforschung GmbH, Köln: 163.1
Picture-Alliance GmbH, Frankfurt/M.: 71.1, 71.2, 157.1
Pitopia, Karlsruhe: 239.1 (Volker Stöhr)
Ruhrstadtmedien: 131.1, 143.1
Statistisches Bundesamt, Wiesbaden: 173.1.

Illustrationen: Felix Görmann, Berlin